Die Kleinbahn

ISBN 3-924335-83-0
Herausgeber
Ingrid Zeunert
Lektorat
Wolfgang Zeunert
Fachmitarbeiter
Andreas Christopher, Eugen Landerer,
Dr. Stefan Lueginger, Horst Prange,
Dieter Riehemann, Klaus-Joachim Schrader †,
Joachim Schwarzer, Dr. Markus Strässle
Verlag Ingrid Zeunert
Postfach 1407, 38504 Gifhorn
Hindenburgstr. 15, 38518 Gifhorn
Telefon: (05371) 3542 • Fax: (05371) 15114
Email: webmaster@zeunert.de
Internet: www.zeunert.de
DIE KLEINBAHN
Erscheinungsweise: Ein bis zwei Bände jährlich.

Gedruckt bei
Druckhaus Harms
Martin-Luther-Weg 1, 29393 Groß Oesingen

Titelbild:

Private Car Train GmbH (PCT):

Loks 01 und 02 am 21.1.2009 im Bahnhof München-
Milbertshofen.   Foto: Christian Völk

Foto auf der letzten Umschlagseite:

agilis Verkehrsgesellschaft, Regensburg:

VT 560.711 und VT 650.723 am 11.9.2011 im Bahnhof
Weiden.   Foto: Dr. Stefan Lueginger

# Regionalbahnen in Deutschland

agilis Verkehrsgesellschaft mbH & Co KG, Regensburg

agilis ist eine Tochtergesellschaft von BeNEX, Hamburg, die als Holdinggesellschaft der Hamburger Hochbahn AG für die Verkehrsleistungen außerhalb von Hamburg zuständig ist und Beteiligungen an den EVU Cantus, Metronom, Nordbahn und Ostdeutsche Eisenbahn (ODEG) besitzt.

agilis Nord: Dieselnetz Oberfranken

Seit dem 12.6.2011 betreibt agilis im Auftrag der Bayerischen Eisenbahngesellschaft das Dieselnetz Oberfranken mit den Strecken Ebern-Bamberg-Ebermannstadt (KBS 821-826), Bad Rodach-Coburg-Lichtenfels-Bayreuth-Weiden (KBS 831-867), (Kulmbach-) Münchberg-Hof-Bad Steben (KBS 850-857), Helmbrechts-Münchberg (KBS 853), Bayreuth-Marktredwitz (KBS 850-860), Selb Stadt-Hof (KBS 858) und Bayreuth-Weidenberg (KBS 862). Im Dezember 2012 kommt die Strecke Hof-Marktredwitz hinzu. Eingesetzt werden 38 neue Dieseltriebwagen der Baureihe 650 (Stadler RegioShuttle). In Marktredtwitz wurde ein neues Bahnbetriebswerk errichtet.

agilis Mitte: E-Netz Regensburg

agilis betreibt im Auftrag der Bayerischen Eisenbahngesellschaft das E-Netz Regensburg mit den Strecken Neumarkt/Oberpfalz-Regensburg-Plattling (KBS 880) und Ingolstadt-Regenburg-Landshut (KBS 930/993).

Im Dezember 2011 kommt die Strecke Ingolstadt-Ulm hinzu. Eingesetzt werden 25 neue elektrische Triebwagenzüge (Coradia LINT Continental).

AKN-Werkstatt Kaldenkirchen: northrail-Lok 1271 001 und AKN-Lok 2.021 am 13.4.2010.

AKN Eisenbahn AG
Strecke Burg (Fehmarn)
West - Burg (Fehmarn)

Im Jahr 2008 beschloss die LVS Schleswig-Holstein, den Schienen-Personen-Nahverkehr auf der stillgelegten Strecke Burg (Fehmarn) West - Burg (Fehmarn) wieder zu aktivieren. Die Deutsche Bahn AG sah sich nicht in der Lage, Planung, Bau und Betrieb bis zum Sommer 2010 vorzunehmen. Die LVS trug ihr Anliegen der AKN Eisenbahn AG vor, mit der Anfrage, ob dort das obige Anliegen in diesem Zeitraum ausgeführt werden kann. Die AKN sagte zu und bekam den Auftrag. Die eingereichten Planungen wurden im Herbst 2009 genehmigt. Der Baubeginn erfolgte 2010 nach Ende des Winters. Am 31.7.2010 wurde der Bahnhof Fehmarn-Burg für den Personenverkehr eröffnet.

Es wurden 530 Meter Gleis neu verlegt, drei Hauptsignale neu aufgestellt, eine Bahnübergangssicherungsanlage neu erstellt (Industriestraße, km 7,921 als Lichtzeichenanlage mit Halbschranken) mit Überwachungssignalen, ein Bahnsteig, 210 Meter lang

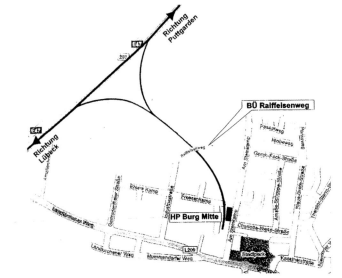

AKN Burg /Fehmarn)
Oben: *Haltepunkt Burg-Mitte.*
Mitte: *Gleisplan der neuen Anbindung von Burg. Das Gleisdreieck war noch von früher vorhanden.*
Unten: *VT 648 355 FEHMARN am 31.7.2010 als Sonderzug für Ehrengäste.*

Fotos (2): H. W. Rehder
Gleisplan: Archiv H. W Rehder

mit Fahrgastunterstand, Beleuchtung, Video-überwachung und Fahrkartenautomat sowie mit Informationsvitrinen erstellt. Außerdem wurde eine Zuwegung zum Bahnsteig und ein Park + Ride-Platz neu erstellt. Die neue Anlage entstand auf dem ehemaligen Güterbahnhof des ersten Bahnhofs. Die Signalanlagen werden vom Stellwerk Puttgarden aus bedient (Siemens S6OSp). Die AKN ist nicht nur der Erbauer, sondern auch der Betreiber der Bahnanlage (EIU) von der Abzweigstelle Burg (Fehm) West bis zum Bahnhof Fehmarn-Burg.

Heinz Werner Rehder

AKN Eisenbahn AG - Werkstatt

Bei der AKN waren wieder zahlreiche Fremd-lokomotiven zu Gast. Die Firma Voith Turbo Lokomotiv Technik (VTLT) war mit zwei Loks der Bauart »Maxima« in der Betriebswerkstatt in Kaltenkirchen anzutreffen. Da die Fahrzeuge noch keine Zulassung hatten, wurden sie mit Loks der Firmen LDS und LOCON geschleppt. Vossloh (VSFT) war mit einer Lok zu Testfahrten bei der AKN zu Gast. Ausprobiert wurde eine G6, die auch noch keine Zulassung hatte

und hinter einer Lok der Firma northrail eintraf. Eine Lok der Firma Oil Tanking Deutschland (OTD), ansässig im Hamburger Hafen, wurde bei der AKN auf der Unterflurdrehbank (UFD) behandelt. Kaltenkirchen erreichte sie hinter der V 2.009 der AKN.

Die NOB war im April 2010 mit VT 411 und DE 2700-10 in Kaltenkirchen.

Am 9.11.2009 brachte die EVB-Diesellok ER 420.14 einen Doppelstockwagen des metronom nach Kaltenkirchen. Am 27.11.2009 folgte der EVB-VT 150. Der Doppelstockwagen und der Triebwagen erhielten eine Radsatzbearbeitung. Auch die DH 49 der HGK (DH 49) war zu diesem Anlass dort.   *Heinz Werner Rehder*

AKN Eisenbahn AG - Güterverkehr

Die AKN gab zum 31.12.2010 den Güterverkehr in Hamburg-Billbrock und Hamburg-Stiefstack auf. Die AKN-Werkstatt in HH-Billbrook ging an die northrail GmbH. Die Strecke HH-Billstedt - Glinde wurde von der Braaker Mühle übernommen. Folgende Dieselloks wurden an die northrail GmbH verkauft: V2.009, V2.021, V2.022, V2.023 und V2.024 .

AKN-Werkstatt: EVB-VT 150 (27.11.2009).

AKN-Werkstatt: LDS 9280 1293501-3

AKN-Werkstatt: EVB-Lok 306.51 (17.5.2010).

AKN-Werkstatt: MOB VT 411 (16.4.2010).

AKN-Werkstatt: northail 92 80 1271001-0 (Vossloh G 1000) am 13.4.2010.

AKN-Werkstatt: LOCON V 401 (Voith MAXIMA) am 5.3.2010.

AKN-Werkstatt: ODT V 4-3 und AKN V 2.009 am 14.3.2010.

AKN-Werkstatt: Vossloh G 6 am 15.4.2010.
AKN-Fotos (8): H. W.r Rehder

Albtal-Verkehrs-Gesellschaft (AVG)

Auf der Strecke Busenbach-Ittersbach wird der Abschnitt zwischen Reichenbach und Langensteinbach zweispurig ausgebaut.
Auf dem Betriebsgelände der Verkehrsbetriebe Karlsruhe wird eine neue Leitstelle errichtet.

WEG - Lokalbahn Amstetten-Gerstetten Ulmer Eisenbahnfreunde e.V. (UEF)

Der im Museumsbetrieb eingesetzte UEF-VT 06 ist vorbildlich restauriert und ein echtes Schmuckstück geworden. Der Triebwagen wird vor allem in den verkehrsschwachen Zeiten und zu besonderen Anlässen eingesetzt. Teilweise ist er auf der Gerstettener Bahn parallel zu den Sonderfahrten auf der Schmalspurstrecke von Amstetten nach Oppingen unterwegs, um für interessierte Eisenbahnfreunde eine Bereisung beider Strecken an einem Tag zu ermöglichen. Hierzu haben die Ulmer Eisenbahnfreunde einen interessanten Prospekt mit allen Veranstaltungen und Fahrzeiten auf beiden Verbindungen sowie rund um den Bahnhof Amstetten veröffentlicht.
Außer den Sonderfahrten gibt es auf der Strecke nach Gerstetten keinen planmäßigen Zugverkehr. Eher selten fallen gelegentliche Sonderzüge mit Holzprodukten oder Hackschnitzeln an, so das örtliche Personal.

Joachim Schwarzer

Ascherslebener Verkehrsgesellschaft (A.V.G.)

Neu bei dem EVU ist die Stangendiesellok V 01 (MaK 1959/1000016; ex Hamburger Eisenbahngesellschaft, ex OHE 120051).

Arbeitsgemeinschaft Verkehrsfreunde Lüneburg e.V. Bleckeder Kleinbahn

Die AVL hat Ende 2010 die OHE-Strecke Lüneburg Nord - Bleckede-Waldfrieden für fünfzig Jahre gepachtet. Man will auf der Strecke Sonderfahrten mit dem AVL-Heide-Express durchführen. 2011 gibt es außer den Nikolausfahrten und einen Sonderzug mit Triebwagen DT 0504 von Lüneburg Süd zum Markttag in Salzhausen keine Museumsbahnfahrten. Die Strecke Winsen-Niedermarschacht wird überhaupt nicht befahren.

Diesellok DL 00601 steht bis zur Durchführung einer Hauptuntersuchung nicht mehr zur Verfügung. *AVL/pr.*

BEHALA

Lok 10 wurde im ersten Halbjahr 2010 in die neuen Hausfarben (silber/grün) umlackiert. *Martin Raddatz*

Bentheimer Eisenbahn (BE)

Seit dem 12.12.2010 wird unter dem Namen »Grens-

Oben:
Amstetten-Gerstetten. *UEF-VT 06 am 18.5.2010 in Amstetten am Lokalbahn-Bahnsteig.*
Foto: Joachim Schwarzer

Mitte:
Augsburger Lokalbahn. *Am 30.7.2011 fand eine Stadtrundfahrt mit dem VT 221 der Bayerischen Regionalbahn statt. Im Bild kreuzt er die Schienen der Strassenbahnlinie 3 an der Luitpoldbrücke über die Wertach. An der Kupplung des VT wurde eine Vorrichtung zum Schalten der Signalanlagen der Lokalbahn angebracht.*
Foto: Gerald Rumm

Unten:
Bentheimer Eisenbahn.
Syntus-VT 25 und VT 24 nach Coevorden am 1.7.2007 in Laarwald.
Foto: Dieter Riehemann

land-Express« von der Bentheimer Eisenbahn und dem niederländischen EVU Syntus B.V. Schienennahverkehr zwischen Bad Bentheim (Deutschland) nach Oldenzaal und Hengelo (Niederlande) im Stundentakt gefahren. Auf der 26 km langen zweigleisigen elektrifizierten Strecke kommen Syntus-Triebwagen DM 90 zum Einsatz.

Bocholter Eisenbahngesellschaft mbH (BOEG)

360 608 (ex DB V 60) wurde an die Max Bögl Bauservice GmbH und Co. KG (eines der fünf größten deutschen Bauunternehmen) verkauft und zum Firmenstammsitz nach Sengenthal/Oberpfalz überführt.
Im Einsatz bei der BOEG sind die Dieselloks 202 271 (ex DR V 100) und 221 135 (ex DB V 200). Kleinlok 232 820 (Köf II) wurde angemietet und rangiert am Bögl-Standort Hamminkeln/Niederrhein.

Hafenbetriebsgesellschaftf Braunschweig mbh.

Obgleich die Braunschweiger Hafenbahn im Hafengelände

Oben: *Lok 5 (Deutz 1968/ 58237) am 5.5.2011 vor dem Lokschuppen der Hafenbetriebsges. Braunschweig.*
Mitte: *Lager & Wöstenhöfer-Lok 346-002 am 5.5.2011 unter einem der Portalkräne vom Hafen Braunschweig.*
Unten: *L&W-Lok 346-002 rangiert am 5.5.2011 am Containerkai im Hafen Braunschweig.*
Fotos (3): I. Zeunert

Captrain/Bayerische CargoBahn (BCB): *BCB-Diesellok 92 80 1275 111-3 und Ellok 185 520 am 3.7.2011 in Neuburg/Donau. Die Wagen inter der 185er sind mit Abrollcontainern beladen, die Koks für einen Isoliermaterialhersteller enthalten. Die Selbstentladewagen transportieren Soda oder Quarzsand für einen Glashersteller.* Fotos (2): Rudolf Schneider

ihr Depot hat, rangiert am stark frequentierten Containerkai am Mittellandkanal die Stangendiesellok 346-002 (98 80 3345 388-3 D-LUW) von Laeger & Wöstenhöfer GmbH & Co. KG Eisenbahnverkehrsunternehmen (L&W). *l. Zeunert*

Buckower Kleinbahn

Im Juni 2010 wurden bei der Bahn ca. zwei Kilometer Kupferfahrleitung teilweise mit Tragseil gestohlen. Der Betrieb wurde mit dem MAN-Triebwagen 906 der Königs Wusterhausen Mittenwalde Töpchiner Kleinbahn GmbH (KWMTK) bis zur Winterpause

Captrain/ Bayerische CargoBahn (siehe Bildunterschrift oben).

am 3.10.2010 aufrecht erhalten. Mit Unterstützung namhafter Elektro- und Gleisbaufirmen konnte der elektrische Betrieb am 22.4.2011 wieder aufgenommen werden.

Die Meldung in DIE KLEINBAHN 22 auf Seite 10 bezieht sich nicht auf die polnische Firma CTL. Die angesprochenen Rangierleistungen in München werden von dem Rangierdienstleister CC-Logistik GmbH & Co. KG erbracht, welcher im März 2008 in Hamburg gegründet wurde und heute in Straupitz seinen Sitz hat.

Nach Hamburg-Hafen kamen in rascher Folge weitere Standorte hinzu: Bremen-Rolandmühle (August 2008), Frankfurt/Oder (Oktober 2008), Berlin (Januar 2009), Bremerhaven (August 2009), Rostock (September 2009), Jena-Göschwitz (Dezember 2009), München (Januar 2010; wie berichtet), Brake (Frühjahr 2010), Duisburg-Rheinhausen (September 2010) und Emden (September 2010). Die Einsatzstellen Bremerhaven und Rostock wurden im November 2010 wieder aufgegeben. Von Hamburg aus wird neuerdings auch Cuxhaven bedient. Entsprechend wuchs auch der Fahrzeugpark, der sich ausschließlich aus Mietlokomotiven zusammen setzt. *Christian Völk*

Triebfahrzeugliste CC-Logistik GmbH & Co. KG			Zusammengestellt von Christian Völk		
Tfz-Nr.	**Computer-Nr.**	**Bauart**	**Herstellerdaten**	**Typ**
V60 234	-	Cdh	MaK 1963/600470	V60
	gemietet von WFL bis 8/2008; ehem. DB 361 234			
106 007	98 80 3345 283-6 D-ITL	Ddh	LEW 1980/16970	V60D
	gemietet von ITL; ehem. DREWAG Lok 2			
WFL 8	98 80 3346 727-1 D-WFL	Ddh	LEW 1971/12988	V60D
	gemietet von WFL; ehem. DB 346 727			
WFL 10	98 80 3346 685-1 D-WFL	Ddh	LEW 1970/12660	V60D
	gemietet von WFL; ehem. DB 346 685			
WFL 14	98 80 3346 659-6 D-WFL	Ddh	LEW 1970/12630	V60D
	gemietet von WFL; ehem. DB 346 659			
V60.03	98 80 3345 205-9 D-EGP	Ddh	LEW1969/12383	V60D
	gemietet von EGP; ehem. Zementwerk Rüdersdorf			
-	98 80 0273 009-7 D-DWK	B'B'dh	MaK 1986/1000809	G1203
	gemietet von northrail von 5/2009 bis 2009; ehem. RLG D67			
-	98 80 0274 103-7 D-KIEL	B'B'dh	MaK1993/1000891	G1205
	gemietet von northrail von 1/2010 bis 3/2010; ehem. OHE 1500 06			
-	98 80 0274 104-5 D-KIEL	B'B'dh	MaK 1993/1000892	G1205
	gemietet von northrail seit 3/2010; ehem. OHE 1500 07			
9	92 80 1271 025-9 D-KIEL	B'B'dh	Vossloh 2008/5001782	G1000
	gemietet von northrail seit 5/2010			
7	92 80 1271 026-7 D-KIEL	B'B'dh	Vossloh 2008/5001783	G1000
	gemietet von northrail von 7/2009 bis 3/2010			
1404	92 80 1203 221-7 D-DUD	B'B'dh	LEW 1974/14436	V100
	gemietet von D&D seit 8/2008; ehem. DB 202 735			
262 004	92 80 1214 004-4 D-ALS	B'B'dh	MaK 1966/1000359	214
	Name: Annemarie. Gemietet von SüdLeasing seit 1/2010; ehem. DB 212 312			
-	92 80 1214 005-1 D-ALS	B'B'dh	MaK 1965/1000297	214
	gemietet von SüdLeasing seit 2/2010; ehem. DB 212 250			
-	92 80 1214 007-7 D-CCLG	B'B'dh	Jung 1963/13645	214
	gemietet von SüdLeasing seit 3/2010; ehem. DB 212 169			

CC-Logistik: 262 004-5 »Annemarie« am 13.3.2011 in München-Milbertshofen. Foto: Christian Völk

Dessauer Verkehrs- und Eisenbahngesellschaft (DVE)

Seit dem 1.1.2011 wird der saisonale Eisenbahnverkehr zwischen Dessau und Wörlitz für die nächsten zehn Jahre durch die Dessauer Verkehrs- und Eisenbahngesellschaft mbH organisiert.

Die Dessau-Wörlitzer Eisenbahn verkehrt vom 19.6. bis 3.10.2011 an einigen Tagen in der Woche (11.7.-28.8. täglich). An Triebfahrzeugen stehen die Doppelstock-Triebwagen 670 005 und 670 006 (DWA Bj. 1995) mit den Namen »Fürst Franz« und »Louise« und historischem Dekor zur Verfügung.

Erfurter Bahnservice GmbH

Die Gesellschaft hat per 1.1.2011 die Anschlussbahn der Lafarge Zement Karsdorf GmbH gepachtet. Das ist eine riesige Anlage, zu der neben den Werksanschlüssen u.a. ein Rangierbahnhof mit 17 Gleisen gehören.

Die Bahn setzt u.a. die NoHAB-Diesellok My 1131 (ex Eichholz Eivel) ein.

Eisenbahnen und Verkehrsbetriebe Elbe-Weser (EVB) Mittelweserbahn GmbH (MWB

Am 20.9.2010, trafen sich Ulrich Koch, Geschäftsführer der Eisenbahnen und Verkehrsbetriebe Elbe-Weser GmbH (EVB) und Hans-Peter Kempf, Geschäftsführender Gesellschaf- ter der Mittelweserbahn GmbH (MWB) zum gemeinsamen Notartermin. Sie besiegelten eine gemeinsame, starke Zukunft der beiden niedersächsischen Unternehmen im Schie-

Mittelweserbahn: *V 2101 am 27.7.2011 mit Kesselwagenzug nach Regensburg bei der Ausfahrt aus dem Bahnhof Münchsmünster (bei Ingolstadt).* *Foto: Rudolf Schneider*

nen-Güterverkehr. Die EVB Elbe-Weser GmbH erwirbt die Mehrheitsanteile an der Mittelweserbahn. Hans-Peter Kempf, der das Unternehmen zu dem gemacht hat, was es heute ist, bleibt Minderheitsgesellschafter und Geschäftsführer.

Die Aktivitäten der EVB im Güterverkehr konzentrieren sich derzeit zusammen mit Partnern (ACOS, Eurogate, Rhenus, Pöhland) auf den Hafenhinterlandverkehr. Die Leistungen der MWB umfassen in ganz Deutschland und einigen benachbarten Ländern alle Bereiche des Schienengüterverkehrs mit Diesel- und Elektroloks aller Leistungsklassen. Neben verschiedenen Häfen an der Küste und im Binnenland bieten EVB und MWB auch im Hamburger Hafen als Rangierdienstleister unter dem Markennamen »RailPortFeeder« Leistungen für Eisenbahnen an.

Die EVB betreibt neben dem Schienengüterverkehr 235 km eigene Schieneninfrastruktur im Elbe-Weser-Raum, Schienenpersonennahverkehr (u.a. Beteiligung an der metronom Eisenbahngesellschaft), Busverkehre (u.a. Beteiligung an der KVG Stade) und verschiedenen Reisebüros. Die EVB-Güterverkehre werden künftig gemeinsam mit den Aktivitäten der MWB von Bruchhausen-Vilsen aus disponiert, um Synergieeffekte zu nutzen. Die nach ISO 9001:2000 und nach dem SQAS-Sicherheits- und Qualitätsbewertungssystem zertifizierte Mittelweserbahn bürgt dabei für hohe kundenorientierte Qualität. Der moderne Wartungsstützpunkt für Schienenfahrzeuge der EVB in Bremervörde wird künftig auch verstärkt die MWB-Loks betreuen. Es wird angestrebt, den Personalstamm sowie den Fahrzeugpark weiter auszubauen. Zusammen verfügen beide Unternehmen über 70 Güterzuglokomotiven und über 200 Eisenbahner im Güterverkehr. Ulrich Koch und Hans-Peter Kempf betonen: »Wir begegnen dem Aufschwung, den wir gegenwärtig im Schienengüterverkehr beobachten, damit noch vielseitiger. Wir werden die jeweiligen Stärken beider Unternehmen zusammenführen und können damit den Interessen unserer Kunden noch besser genügen.«

Eckhard Spliethoff/EVB/pr.

EVB: *VT 151 und VT 154 am 19.5.2004 zwischen Kutenholz und Hesedorf.*   *Foto: Dieter Riehemann*

EVB-Triebwagen 150-154

Die Triebwagen der Baureihe 628 (VT 150 - 154 der EVB) dienen seit geraumer Zeit bei der EVB als Reserve. Sie standen im Bahnhof Bremervörde abgestellt. VT 150 wurde im November, VT 152 im Dezember 2009 wieder aktiviert. Auch VT 152, 153 und V 410.04 weilten zur Radsatzbearbeitung bei der AKN in Kaltenkirchen.

Heinz Werner Rehder

ex Buxtehude-Harsefelder Eisenbahn

Die EVB, in der die BHE 1993 aufgegangen ist, beabsichtigte das Bahnhofsgebäude in Harsefeld Süd abzubrechen.

Wie in der örtlichen Presse zu lesen war ist das Gebäude in einem Zustand, dessen Sanierung hinsichtlich der Kosten einem Neubau gleichkommen würde.

Das Empfangsgebäude mit Güterabfertigung wurde nach Aufgabe der Stück- und. Expressgutabfertigung von einem Taubenzüchterverein genutzt.

Die bisher im Gebäude betriebene Bahnhofs-

ehem. Buxtehude-Harsefelder Eisenbahn
Gleisseite (oben) und Strassenseite (unten) vom Bahnhofsgebäude in Harsefeld Süd.

Fotos (2): Wolfgang Quolke

wirtschaft ist noch geöffnet. Mittlerweile hat die EVB das Bahnhofsgebäude an die Stader Saatzucht verkauft, die bereits das Gelände der Ladestraße des ehemaligen Bahnhofs als Lagerfläche nutzt.

Nachdem 2066 das Bahnhofsgebäude in Buxtehude Süd zwecks Errichtung von S-Bahn-Parkplätzen abgerissen wurde und das Bahnhofsgebäude in Ruchwedel 1980 abgebrannt war, würde nach einem eventuellen Abriss des Gebäudes in Harsefeld Süd keine Bahnhofsbauten der ehemaligen Kleinbahn Buxtehude-Harsefeld mehr existieren.   *Wolfgang Quolke*

VGF Verkehrsgesellschaft Frankfurt am Main

Stadtbahnstrecken U 1, U 2, U 3, U 8 + U 9

Wie in DIE KLEINBAHN Band 21 + 22 angekündigt, nahm am 12.12.2010 die neue Riedbergbahn von Niederursel nach Frankfurt-Kalbach ihren Betrieb auf. Die offiziellen Feierlichkeiten fanden am gleichen Tag ab den Mittagstunden in der Neubausiedlung statt. Dem vorausgegangen waren umfangreiche Probe- und Ausbildungsfahrten, die

VGF Frankfurt
Oben: *Tw 621 am 10.8.2010 an der neu gestalteten Haltestelle Weißkirchen Ost.*
Mitte: *Solo-Tw 621b/a am 10.8.200 wischen Bommersheim und Weißkirchen Ost.*
Unten: *Umbauarbeiten im Bahnhof Oberursel mit Tw 606 + 610 + 611.*
Fotos (3): Joachim Schwarzer

EVB: Lok 411.52 am 21.9.2010 vor einem Güterzug in Bremervörde. Foto: Dieter Riehemann

im Oktober 2010 begannen. Dem Jubel über die Neubaustrecke stehen umfangreiche, teilweise negative Veränderungen auf den übrigen, von Frankfurt Südbahnhof ins nördliche Stadtgebiet führenden Verbindungen gegenüber.

Die U 3 (Frankfurt Südbahnhof - Oberursel-Hohemark) hat im Berufsverkehr alle Kurzpendelzüge nach Oberursel Bahnhof verloren, was einige Berufspendler kritisieren. Auf dieser Strecke kommen jetzt ausschließlich Neubautriebwagen von Bombardier zum Einsatz, die von Montag bis Freitag dreiteilig fahren. Ferner werden die Fahrzeuge aus dem Depot Bommersheim jetzt auch an den Wochenenden benötigt. Zuvor war hier an Samstagen und Sonntagen Betriebsruhe.

Im Stadtgebiet von Oberursel wurden die letzten Arbeiten an den zur Modernisierung anstehenden Bahnstationen durchgeführt. So begann am 5.1.2011 der Abbruch der Station Oberursel-Bahnhof mit anschließendem Neuaufbau. Bereits am 16.5.2011 konnten um 13:00 Uhr die fertigen Bahnsteige in Betrieb gehen und die Halte an den behelfsmäßigen Anlagen entfallen.

Auf der neuen Riedbergbahn rollen überwiegend die Bombardier-Fahrzeuge. Die U 8 (Frankfurt Südbahnhof - Riedberg) wird dreiteilig gefahren, die U 9 von Ginnheim über Niederursel und Kalbach nach Nieder-Eschbach verkehrt an allen Tagen als Solo-Leistung.

Die Planungen zur Verlängerung der U 2 von Bad Homburg-Gonzenheim zum DB-Bahnhof der Kurstadt nimmt konkrete Formen an. Am Montag, 4.4.2011, gab es für interessierte Bürger eine sehr gut besuchte Informationsveranstaltung im Vereinshaus Gonzenheim, bei der alle Planungsverantwortlichen das Projekt ausführlich darstellten und viele Fragen der Anwesenden beantworteten. Man geht davon aus, dass das Planfeststellungsverfahren bis Spätherbst abschlossen ist und erste Züge Ende 2016 fahren. Es ist eine Bauzeit von ca. zweieinhalb Jahren vorgesehen. Nach Presseinformationen ist die Neubaustrecke 1590 Meter lang, von denen ab Gonzenheim 385 Meter unterirdisch verlaufen. 350 Meter werden eingleisig angelegt, der Rest doppelspurig. Die neue Bahn soll im Stadtbahnhof auf dem seit Jahren nicht mehr genutzten Gleis 1 der DB AG direkt am Empfangsgebäude enden.

HLB-Taunusbahn: Abgestellte VT2E am 25.1.2010 in Grävenwiesbach.   Foto: Jochachim Schwarzer

Seit Jahresende ist man dazu übergegangen, auf den hier genannten Strecken möglichst Fahrzeug-typenrein zu fahren, wobei es gelegentlich zu Abweichungen kommen kann.

U 1 Frankfurt Südbahnhof - Ginnheim
Fast ausschließlich die Altbaufahrzeuge vom Typ U 2.

U 2 Frankfurt Südbahnhof - Bad Homburg-Gonzenheim
Triebwagen der BR U 4, die nach und nach modernisiert werden.

U 3 Frankfurt Südbahnhof - Oberursel-Hohemark

U 8 Frankfurt Südbahnhof - Riedberg

U 9 Frankfurt - Ginnheim - Nieder-Eschbach
So gut wie alle Leistungen erbringen hier die Neubaufahrzeuge von Bombardier.

Mehrere Neubautriebwagen sind mit Werbefolien überzogen, die u. a. auf den Hessentag in Oberursel hinweisen.   *Joachim Schwarzer*

Frankfurt - Königsteiner Eisenbahn (FKE) / Bad Homburg - Brandoberndorf (Taunusbahn)

Der Fahrplanwechsel im Dezember 2010 brachte für beide Bahnstrecken keine großen Veränderungen. Das neue Betriebsgebäude in Usingen mit angeschlossener Tankanlage, kleiner Werkstatt, Untersuchungsgrube und Sozialräumen konnte seine Arbeit entgegen ersten Planungen aus verschiedenen Gründen nicht aufnehmen. So werden die meisten Zugbildungsaufgaben weiterhin in Grävenwiesbach ausgeführt. Deshalb kann es keine größeren Veränderungen bei den Umlaufplänen geben. Es war angedacht, mehrere Fahrten im Be-

rufsverkehr ab Usingen zu verstärken. Hierbei sollten Fahrzeuge von den aus Richtung Bad Homburg kommenden und nach Grävenwiesbach oder Brandoberndorf fahrenden Zügen abgehängt und den südwärts verkehrenden, stark ausgelasteten Fahrten beigestellt werden. Derzeit sind einige Pendler verärgert, weil sie morgens häufig Stehplätze vorfinden und die schwach ausgelasteten 1. Klasse-Abteile nicht nutzen dürfen. Mit gut 10.000 Fahrgästen pro Tag an Montagen bis Freitagen stößt die Taunusbahn vor allem in den Spitzenzei-

Emsländische Eb.: Lok EMSLAND am 16.9.2010 mit Güterzug in Rameloh.   Foto: Dieter Riehemann

ten des Schüler- und Berufsverkehrs langsam an Kapazitätsgrenzen. So fordern einige Bürgermeister aus dem Usinger Land erneut den weiteren Ausbau und die Elektrifizierung zumindest bis Grävenwiesbach bei gleichzeitiger Verlängerung der S-Bahnlinie S 5 über Friedrichsdorf hinaus.

Das Verkehrsunternehmen Vectus bringt Donnerstags keine Triebwagen mehr nach Königstein zur dortigen Waschanlage.

Nach seinem Einsatz bei der Berchtesgadener Bahn wurde der planmäßig nicht mehr benötigte VT 72 (baugleich mit DB BR 629) zunächst in Kelkheim-Mitte abgestellt. Danach kam er leihweise zur NEG-Strecke von Niebüll nach Dagebüll, um u. a. den früheren VT 71 der TSB zu vertreten, der dort seit Juni 2008 im Einsatz ist und der eine HU mit Neulackierung in den aktuellen NEG-Farben erhielt. Diesen Triebwagen hat nun endgültig das engagierte Verkehrsunternehmen übernommen. Nach der Rückkehr von der Nordseeküste kam VT 72 erneut nach Kelkheim, bevor es zur Jahreswende leihweise in den Großraum Berlin zur Heidekrautbahn ging, wo er bis Herbst 2011 bleiben soll.

Von den drei ehemaligen 628 / 629 haben der VT 51 eine neue Heimat bei der Westerwaldbahn und der VT 71 bei der NEG gefunden.

Joachim Schwarzer

Havelländische Eisenbahn Aktiengesellschaft (HVLE)

Neu bei der Bahn:

Diesellok V 330.4 (Bombardier 2003/33833; ex Mindener Kreisbahn V 20; Typ »Blue Tiger«)
Diesellok V 490.3 (Voith 2009/40008; Typ Maxima 4000; ex Voith Dispolok).

Besuch in Premnitz

Premnitz ist eine Industriestadt mit 9000 Einwohnern und liegt etwa auf halbem Weg zwischen Rathenow (nördlich) und Brandenburg (südlich). Das große Industriegebiet präsentiert sich bei meinem Besuch im Juni 2010 mit Altbestand, Abrissgrundstücken, Brachflächen und Neuansiedlungen. Für die Waggonzustellung auf den früheren Werkbahngleisen scheint die »A bis Z Premnitzer Brandschutz & Dienstleistungs GmbH« zuständig zu sein, jedenfalls stand ein gepflegter Zweiwege-Unimog mit

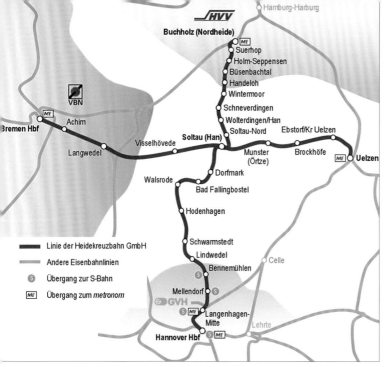

HVV

Hamburg-Harburg

Buchholz (Nordheide)
Suerhop
Holm-Seppensen
Büsenbachtal
Handeloh
Wintermoor
Schneverdingen
Wolterdingen/Han
Soltau-Nord   Ebstorf/Kr Uelzen
Soltau (Han)
Munster   Brockhöfe   Uelzen
(Örtze)
Dorfmark
Bad Fallingbostel
Hodenhagen
Schwarmstedt
Lindwedel   Celle
Bennemühlen
Mellendorf
GVH
Langenhagen-
Mitte   Lehrte
Hannover Hbf

VBN
Achim   Visselhövede
Bremen Hbf   Langwedel
Walsrode

— Linie der Heidekreuzbahn GmbH
— Andere Eisenbahnlinien
Ⓢ Übergang zur S-Bahn
ME Übergang zum *metronom*

Heidekreuzbahn: *Streckenplan.*   OHE/pr.

deren Firmenschild auf dem Gleis bereit. Die Übergaben von und nach Rathenow erledigt die Havelländische Eisenbahn, am Besuchstag mit der V 160.2.   *Martin Raddatz*

Heidekreuzbahn GmbH

Die Heidekreuzbahn GmbH, ein Tochterunternehmen der Osthannoversche Eisenbahnen AG, hat im Rahmen einer Ausschreibung den Auftrag zum Betrieb der Bahnstrecken von Bremen nach Uelzen und von Hannover nach Buchholz für die nächsten acht Jahre erhalten. Auftraggeber sind die Landesnahverkehrsgesellschaft Niedersachsen mbH (LNVG), die Region Hannover und die Freie Hansestadt Bremen.

Ab Dezember 2011 kommen moderne Triebwagen vom Typ Lint 41 in der Heideregion zum Einsatz. Insgesamt 27 solcher Züge wurden von dem Aufgabenträger für den Schienenpersonennahverkehr in Niedersachsen bei Alstom in Salzgitter bestellt.   *OHE/pr.*

Verkehrsbetriebe Grafschaft Hoya (VGH)

Neu bei der Bahn ist die Lok   22 (MaK

1989/700093; Typ G763C; ex Siegener Krsb. 31).

ITL Eisenbahngesellschaft GmbH

SNCF Geodis wurde am 1.12.2010 vollständiger Eigentümer von des Eisenbahn-Verkehrs-Unternehmens ITL, Dresden. Geodis ist die Güterverkehrsorganisation der französischen Staatsbahn SNCF. Zu ihr gehören Fret, Geodis (mit Untergesellschaften), CapTrain, STVA (Autotransporte), und Waggonverleiher wie Ermewa (Kesselwagen), France Wagons, Akiem und Transengrais.

Hessische Landesbahn Kahlgrundbahn Hanau Hbf-Kahl am Main-Schöllkrippen

Der Verkehr wurde Ende Februar 2011 mit den sechs Desiros der Hessischen Landesbahn abgewickelt. GTW des gleichen Unternehmens kommen lediglich bei Fahrzeugausfällen zum Einsatz.

Die Schülerzüge 24101 und 24684 werden dreiteilig gefahren. Nach Ankunft von 24101 um 7.48 Uhr in Kahl am Main wird diese Garnitur als Leerfahrt nach Hanau gebracht, wo sie bis zum Mittag bleibt. Das Abstellen von Triebwagen in Alzenau für den Schülerverkehr ist entfallen.

Von den alten KVG-Triebwagen der Bauart NE ´81, die die Westfrankenbahn übernommen hatte, war am 23.2.2011 nur noch der VT 80 in weiß-blauer Farbgebung zu sehen, wobei sich das Fahrzeug mit Graffiti beschmiert zur HU in der Schöllkrippener Werkstatt befand. Die übrigen drei NE ´81, die zuletzt alle verkehrsrot lackiert und mit den Emblemen der Westfrankenbahn versehen waren, wurden von ihrem Abstellplatz Blankenbach aus mit unbekannten bez. widersprüchlichen Zielen abgefahren. Betrieblich stellt sich die Situation so dar: Die Reisezüge kreuzen im Stundetakt in Michel-

HELABA/Kahlgrundbahn: Das moderne Bahnhofsgebäude in Schöllkrippen am 23.7.2008 mit den Triebwagen VT 124 und VT 125. Foto: Joachim Schwarzer

bach. Lediglich morgens findet um 7.27 Uhr eine planmäßige Zugkreuzung in Alzenau im westlichen Gleisfeld statt. Die neue Ausweichstelle in Strötzbach wird in der Regel nur bei Überführungsfahrten der Westfrankenbahn von der bez. zur Werkstatt in Schöllkrippen oder bei Verspätungen genutzt. Die beengten Gleisanlagen in der Endstation sind restlos ausgelastet. Fotografisch gibt es hier morgens oder nach 14.00 Uhr einige Motive.

Joachim Schwarzer

HELABA/Kahlgrundbahn
Mitte: *VT 97 noch in KVG-Farben am 15.7.2006 in Schöllkrippen.*
Unten: *ex KVG-VT 92 am 9.3.2009 in Westfalenbahn-Lackierung in Blankenbach.*
  Fotos (2): Joachim Schwarzer

Hessische Güterbahn: Diesellok V 100.02 am 21.8.2010 in Nürnberg.   Foto: Christian Völk

Hessische Güterbahn GmbH (HGB)

Lokliste Hessische Güterbahn				Zusammengestellt von Chrstian Völk
Nummer	**Computernummer**	**Bauart**	**Herstellerdaten**	**Typ**
-	92 80 1275 804-3 D-NTS Gemietet von northrail	B'B'dh	Vossloh 1999/1001013	G1206
202 330-7	92 80 1202 330-7 D-NBEG Gemietet von NBE Rail	B'B'dh	LEW 1971/12839	V100
V 100.01	92 80 1203 213-4 D-HGB ex ALS 203 211; ex DR 202 573 /112 573 /110 573	B'B'dh	LEW 1972/13892	V100
V 100.02	92 80 1293 006-3 D-HGB ex S&S 293 701 »Nobby«; ex Bombardier	B'B'dh	ADtranz 2001/70120	V100
V 100.03	92 80 3202 488-3 D-HGB ex TLG 16; ex DR 202 488 /112 488 /110 488	B'B'dh	LEW 1972/13527	V100
V 100.04	92 80 1202 374-5 D-HGB ex Stock 203 507; ex ALS; ex DR 202 374 /112 374 /110 374	B'B'dh	LEW 1971/12883	V100
V 100.05	92 80 1202 726-6 D-HGB ex Gmeinder; ex Kube ConM ex ALS; ex DR 202 726 / 112 726 / 110 726	B'B'dh	LEW 1974/14427	V100
V 60.01	98 80 3345 161-4 D-HGB ex BUG V60-BUG-02; ex DR 345 161 / 105 161	Ddh	LEW 1982/17687	V60D
V 60.02	98 80 3345 243-0 D-HGB ex TLG 15; ex KEG 006; ex Zementwerk Karsdorf	Ddh	LEW 1980/16965	V60D

Hafenbahn Kleve

1963 habe ich in Kleve bei der Klever Hafenbahn deren zwei Dieselloks (Köf) mit den Betriebsnummern 1 und 2 fotografiert. Leider ist mir über diese Hafenbahn sonst nichts bekannt. So weit ich mich erinnere lag die Hafenbahn an der Nordseite vom Spoy-kanal, rheinseitig von der Hauptstrecke nach Nijmegen, und man musste vom Klever Bahnhof aus erst die dortige Brücke Richtung Kranenburg überqueren. Danach kam die Anbindung des Hafengleises. Mir ist auch keine Publikati-on über diese Bahn bekannt. Weiß ein Leser mehr?

Jacob H.M.S. Veen

Lokomotion

Seit Anfang Februar 2010 fährt Lokomotion planmäßig bis in den Rhein-Neckar-Raum. Für die türkische Spedition EKOL werden Container befördert,

Oben:
ehem. Hafenbahn Kleve
Lok 2 am 21.10.1063 vor dem Lokschuppen.
                    Foto: H.M.S. Veen
Mitte:
Lokomotion
185 662 und eine 139 vor EKOL-Zug am 22.9.2010 in München Ost.
Unten:
Lokomotion
186 110 im schlichten Railpool-Design, 186 105 mit großer Railpool-Aufschrift und 186 102 im Lokomotion-typischen Zebra-Design am 28. 6.2011 in München Ost.
        Fotos (2): Christian Völk

Lokomotion: Lokzug mit drei Mietlokomotivern, die sich alle unterscheiden (186 102 im Lokomotion-typischen Zebra-Design, 186 105 mit großer Railpool-Aufschrift und 186 110 im schlichten Railpool-Design) am 28.6.2011 in München Ost. Foto: Christian Völk

die durch ihre weiße Lackierung auffallen. Von Triest kommend liefen die Züge zunächst bis Ludwigshafen. Seit Anfang August 2010 ist der Zielort Worms.

Die in DIE KLEINBAHN Band 22 (Seite 20) in der Lokliste aufgeführten neuen Mietloko-motiven von Railpool wurden zum Teil bereits wieder ausgetauscht. Die meisten der zurück gegebenen Lokomotiven haben bereits wie-der neue Mieter gefunden: 186 103 SBB Cargo, 186 107 Rurtalbahn (RTB) und 186 108 Raildox. Nach vorübergehender Abwesenheit kehrten 186 101, 104, 105 (lief zwischenzeitlich bei DB Schenker) und 109 inzwischen wieder zu Loko-motion zurück. Bei Lokomotion befinden sich also noch 186 101, 102, 104, 105, 106, 109 und 110. Im Gegenzug erhielt Lokomotion von Rail-pool die Lokomotiven mit den Nummern 186 281 bis 285 (Bombardier Kassel 2009/34460, 2009/34468, 2009/34488, 2009/34756 und 2009/34476). Diese fallen optisch u.a. durch die in Italien vorgeschriebenen roten Balken an den Stirnseiten auf. Wenig später bekamen

auch die (verbliebenen) Maschinen der ersten Serie diesen Warnanstrich. Inzwischen erhiel-ten die Neuzugänge eine Folienbeklebung im »Zebra«-Design von Lokomotion, was auf einen längerfristigen Mieteinsatz schließen lässt. Auch bei den eigenen Fahrzeugen gab es Veränderungen: Anfang Mai erwarb Loko-motion von DB Schenker die Lokomotiven 139 135 und 555 (Krauss-Maffei 1959/18546 bzw. 1964/19069). Diese warten derzeit noch auf ihre Aufarbeitung und Neulackierung.

Christian Völk

Logistik & Consulting (LOCON)

Die neuen EVU haben zwar meist keine eige-nen Strecken mehr, wie die klassischen Klein-bahnen, werden aber doch wenigstens hier und da sesshaft. Die LOCON-Tochter LOCON-Servive baut in Pinnow/Uckermark an der DB-Strecke Angermünde-Schwedt eine neue Werkstatt, in der die umfangreiche Lokflotte des Unternehmens versorgt werden kann.

Netinera: *Diese Übersichtskarte zeigt, wie stark Netinera als Tochter der italienischen Staatsbahn durch den von der DB AG erfolgten Kauf von deren Arriva-Anteilen in Deutschland jetzt vertreten ist.*
Kartenskizze: Netinera/pr.

(CUBE) kamen als Käufer zum Zuge und wurden damit Besitzer der Osthannoverschen Eisenbahnen, der Ostdeutsche Eisenbahn, der Prignitzer Eisenbahn, der Regentalbahn, der Vogtlandbahn sowie Anteilseigner bei Metronom. Diese Marken bez. Betriebe sollen ihre Namen behalten, wurden jedoch in der neuen FS-Tochter Netinera Deutschland zusammengefasst.

Netinera ALEX

Seitdem das ALEX-Verkehrsnetz bis Nürnberg und Pilsen erweitert wurde, reichen die eigenen Diesellokomotiven kaum noch für alle Leistungen aus. Um Abhilfe zu schaffen, wurde längerfristig eine Lokomotive der Staudenbahn Verkehrsgesellschaft (SVG) angemietet. Planlok ist die dunkelblau lackierte, ehemalige ÖBB-Lokomotive 2143.18 (SGP 1969/18386). Ersatzweise kommt aber auch gelegentlich die typgleiche, orange lackierte 2143.21 (SGP 1970/18389) zum Ein-

Netinera

Um den britischen ARRIVA-Konzerns kaufen zu können, musste sich die DB AG verpflichten, die deutschen ARRIVA-Bahnaktivitäten weiter zu veräußern. Die italienische Staatsbahn Ferrovie dello Stato (FS) und Cube International

Netinera Alex: *Die von der SVG gemietete ex ÖBB-Ellok 2143.18 rangiert am 29.3.2011 mit ALX84153 in Oberstdorf.*
Foto: Christian Völk

Netinera Alex

Oben:
Mietlok SVG 2143.18 am 29.3.2011 vor ALX84146 bei Oberstdorf.
Foto: Christian Völk

Rechts:
Alex Linienplan.
Kartenskizze: Netinera/pr.

satz. Beide Maschinen tragen die alten ÖBB-Nummern. Die Einsätze der 2143 beschränken sich dabei auf die Strecke Immenstadt-Oberstdorf, wo mit einer Maschine das ALEX-Gesamtangebot (Zweistundentakt) abgedeckt werden kann. Für Einsätze auf anderen Strecken würde die Motorleistung nicht ausreichen, um die Fahrzeiten zu halten.
Christian Völk

Mindener Kreisbahnen

Die mkb haben im Juni 2010 ihre V 20 nach monatelangen,

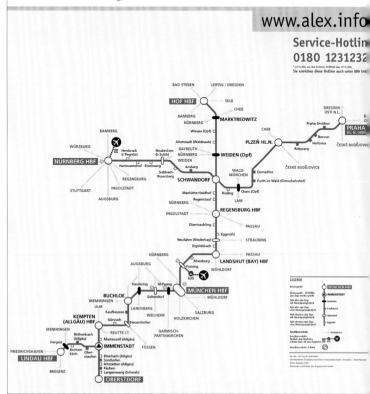

schwierigen Reparaturen an die Havelländische Eisenbahn (hvle) verkauft. Die 2003 von Bombardier gebaute Maschine (Fabriknummer 33833, auch als 250 004 bekannt) ist in der Vergangenheit schon für einen längeren Zeitraum an die hvle für Einsätze auf der Rübelandbahn vermietet gewesen, so dass der Verkauf dorthin auch Sinn macht, denn dort gibt es bereits drei »Blue Tiger«. Nun hört die

Oben:
Mindener Kreisbahn
Eine der letzten Fahrten der V 20 als MKB-Lok am 26.10.2010 durch den Bahnhof Minden.
Foto: Ingrid Schütte
Mitte:
Neußer Eisenbahn
Lok I (Krauss-Maffei), die nach einem Unfall zur Reparatur zu Reuschling gebracht wurde.
Unten:
Neußer Eisenbahn
Lok 70 (Henschel) von Reuschling, Hattingen, die als Leihlok bei der NE eingesetzt wurde.
Fotos (2): Helmut Müller

»Großkatze« auf die Bezeichnung V 330.4. Nunmehr verfügen nur noch die hvle und die Osthannoverschen Eisenbahnen (OHE) über Lokomotiven dieses Typs.

Im September, 2010 waren auch die MKB-Loks V 6 und V 19 nicht einsatzbereit, weil sie infolge unachtsamer, waghalsiger oder leichtsinniger Auto- und Lkw-Fahrer Unfallschäden hatten. Aushilfe leisten Maschinen der Mittelweserbahn (MWB) und der OHE. Einzig die gute alte V 5 verrichtet ihren Dienst klaglos. *Werner Schütte*

Neußer Eisenbahn*: Der Bahnhof Neuß-Hessentor.* Foto: Helmut Müller

Neusser Eisenbahn

Die Beförderungsleistungen lagen 2010 bei 15,3 Millionen Tonnen (2009 = 13,5 Mio t). Diese Verkehrsleistung wurde mit 4350 Zügen (2009 = 3400) und 142.500 Güterwagen (2009 = 121.000) erbracht.

Die Nettotonnen-Leistung für den Neusser und den Düsseldorfer Hafen lagen 2009 bei 5.028.076 t und 2010 bei 5.783.831 t. Im Einzelnen wurden im Bereich des Neusser Hafens, bzw. beim Bahnumschlag im Güterbahnhof Neuss-Hessentor 2010 folgende Beförderungsleistungen erreicht:

Getreide 53.400 t, Lebensmittel 11.650 t, Kohlen 909 t, Mineralöle 137.690 t, Erz und Schrott 918.589 t, Metalle 203.690 t, Steine und Erden 97.040 t, Düngemittel 4.400 t, Chemische Erzeugnisse 20.305 t und sonstigen Erzeugnisse 2.227.645 t.

Es wurden ferner Gipszüge vom Kraftwerk Frimmersdorf zum Neusser Hafen und Kalkzüge von Wülfrath nach Grevenbroich-Gustorf über DB AG-Gleise (Angertalbahn) gefahren. Lok I (Krauss-Maffei MW 700) hatte einen Unfall und ist in der Lokfabrik Reuschling in Hattingen/Ruhr zur Instandsetzung.

Vor dem Betreten des Bahngeländes an der Heerdterbuschstrasse in Neuss sollte sich jeder Besucher bei der Lokleitung melden.

Helmut Müller

NoHAB-Dieselloks

Nach dem Ende von Eichholz-Eivel wurden die im Besitz dieses ehem. EVU befindlichen NoHAB-Dieselloks in Haldensleben zusammengezogen. Anschließend wurde der größte Teil der Lokomotiven verkauft.

Die nachfolgende Aufstellung über dem Verbleib der Maschinen basiert auf privater Recherche, deren Ergebnisse möglicherweise nicht in allen Details richtig sind.

NoHAB-Loks ex Eichholz-Eivel gingen an:
Altmark-Rail: My1149, My1151 und My1127
Braunschweiger Bahn Service GmbH (BSBS): My1142, jetzt BSBS V 170
Cargo Logistik Rail Service (CLR): My1138
Erfurter Bahnservice (EBS): My1131
Strabag Rail: My1147, My1155 und My1143 (Ersatzteilspender in Haldensleben)
Nach Ungarn verkauft: My1125

NordWestBahn GmbH (NWB)

Die NWE begann am 12.12.2010 mit dem Fahrplanbetrieb auf den Regio-S-Bahn-Strecken
RS 2 Bremerhaven-Lehe - Twistringen
RS 3 Bremen-Oldenburg-Bad Zwischenahn
RS 4 Bremen-Nordenham.
Der Verkehr wird im Stundentakt mit NWB-Elektrotriebwagen Coradia Continental (17 fünfteilige und 18 dreiteilige Züge) durchgeführt.

Osthannoversche Eisenbahnen AG

Diesellok 120068 (Deutz 1962/57465; 1995 ex Klöckner Hüttenwerk, Bremen) wurde bei einer Überführungsfahrt in einem von einer OHE-Ellok gezogenen Zug durch einen Brand schwer beschädigt.
Die von der OHE-Strecke Celle-Wittingen in Beedenbos-

Oben:
*Die **NoHAB-Loks** 1147 + 1149 am 10.10.2010 abgestellt mit einem Schotterzug im ehemaligen Güterbahnhof Teltow bei Berlin. Foto: Martin Raddatz*
Osthannoversche Eisenbahnen AG
Mitte: *Die kürzlich durch Brand beschädigte OHE-Diesellok 120068 am 7.9.1999 bei der Ausfahrt aus Radenbeck (Strecke Wittingen-Rühen).*
Unten: *Der Rest der Stichstrecke zum Kaliwerk Mariaglück bestand zuletzt nur noch aus einem Stumpfgleis für die Rübenverladung (22.10.1992).*
Fotos (2): I. Zeunert

In den Plänen der Stadt Lüneburg ist das Bahngelände zwischen dem ehemaligen OHE - Bahnhof Lüneburg Süd und dem früheren OHE-Bahnbetriebswerk für den Wohnungsbau vorgesehen. Der Lokschuppen bleibt erhalten und dient der Unterstellung von Museumsbahn- und Gleisbaufahrzeugen.

Stadtwerke Osnabrück AG (SWO) -Hafenbahn-

Neu bei der Bahn: Diesellok Haba 8 (Alstom Lokomotiven Service GmbH; ex DB 203 116).

Osning-Bahn e.V.

Der Verein wurde 2010 in Halle in Westfalen gegründet und will neben einem Reiseservice auch Ausflugs- und Charterfahrten mit einer MAN-Schienenbusgarnitur anbieten. Zu diesem Zweck wurden von der Südwestdeutsche Verkehrs AG (SWEG) der Triebwagen

tel abgehende Zweigstrecke nach Höfer (ex Kaliwerk Mariaglück) wurde im Frühjahr 2011 abgebaut.

Norddeutsche Eisenbahngesellschaft mbH (NEG)
Oben: *T4 am 27.5.2009 in Dagebüll-Mole.*
Hafenbahn Osnabrück:
Mitte: *Lokschuppen der Hafenbahn mit Haba-Loks 6 und 7 und NWE-VT 716 (10.9.2010).*
Unten: *Die neue Lok 8 am 10.9.2010 im Osnabrücker Hafengelände.*
    Fotos (3): Dieter Riehemann

PCT: *Lok PCT 02 am 9.10.2010 in München-Laim.*

PCT: *Lok PCT ER20-005 am 7.3.2011 in Dingolfing.*   *PCT-Fotos (2): Christian Völk*

PCT: PCT-Lok 185 681 am 2.4.2011 in München-Milbertshofen. *PCT Fotos (4): Christian Völk*

Private Car Train GmbH (PCT)

Zusammengestellt von Christian Völk

Betriebs-Nr.	Bauart	Hersteller	Bj./FNr.	Typ	Leistung (kW)
01	B-dh	Deutz	1964/57718	KG 230 B	169
	ex SFW Delitzsch				
02	B'B'-dh	Vossloh	2007/5001676	G 1206	1500
	gemietet von Dispolok				
260 106-0	C-dh	MaK	1956/600026	V 60	478
	gemietet von Logistik Wiesböck				
V 126	B'B'-dh	MaK	1964/1000225	V 100	992
	gemietet von BOB				
D 03	B'B'-dh	MaK	1980/1000789	G 1202 BB	1000
	gemietet von RBG				
ER 20-005	Bo'Bo'-dh	Siemens	2003/1029	ER 20	2000
	gemietet von Dispolok				
ER 20-013	Bo'Bo'-dh	Siemens	2005/21151	ER 20	2000
	gemietet von Dispolok				
ES 64 F4-035	Bo'Bo'-e	Siemens	2008/21479	ES 64 F4	6400
	gemietet von Dispolok				
185 637-6	Bo'Bo'-e	Bombardier	2009/34701	185	5600
	gemietet von Railpool				
185 681-4	Bo'Bo'-e	Bombardier	2009/34713	185	5600
	gemietet von Railpool				

Abkürzungen: SFW = Schienenfahrzeugwerk, BOB = Bayerische Oberlandbahn, RBG = Regental Bahnbetriebsgesellschaft

VT 27 (MAN 1966/151132) und der Steuerwagen VS 51 (MAN 1964/150119) gekauft. Gmeinder in Waibstadt führt an den Fahrzeugen eine Hauptuntersuchung durch. Osning ist der bis in das Mittelalter gebräuchliche Name für den Teutoburger Wald.

Private Car Train GmbH (PCT)

Die seit 1975 bestehende Firma ARS Altmann AG mit Sitz in Wolnzach (bei Ingolstadt) ist als Automobil-Logistikdienstleister tätig. Auf der Schiene umfasst der Fuhrpark nicht weniger als 1440 Autotransportwagen. Mit der Liberalisierung des Schienenverkehrs eröffnete sich die Möglichkeit, auch die Traktion in die eigene Hand zu nehmen, so dass die Tochtergesellschaft Private Car Train GmbH (PCT) als eigenes Eisenbahnverkehrsunternehmen (EVU) gegründet wurde. Hauptaufgabe der PCT ist die Beförderung von Autotransportzügen für die

Private Car Train (PCT)
Oben: *PCT-Lok 02 am 9.10.2010 in München-Laim.*
Mitte: *PCT-Lok 260 106-0 am 22.9.2010 in München-Milbertshofen.*
Fotos (2): Christian Völk
Prignitzer Eisenbahn (PEG)
Unten: *Bahnhofsausfahrt Meyenburg in Richtung Güstrow am 16.9.2006 mit VT 650.04. Nachdem hier wieder Güterzüge durchfahren, dürften die Signale nicht mehr ständig auf »Halt!« stehen.*
Foto: I. Zeunert

PEG (Wittstock-Pritzwalk): Imotrans/PEG-Loks 212 354 und 212 054 am 15.3.2005 mit Güterzug zwischen Heiligengrabe und Pritzwalk. Foto: Dieter Riehemann

Muttergesellschaft. Es werden aber auch gelegentlich für externe Kunden andere Güter, wie z.B. Mineralöl oder Container, transportiert. Während man sich bei Betriebsaufnahme Anfang 2008 noch auf Leistungen im Nahbereich von München beschränkte, werden heute regelmäßig u.a. Wolnzach, Reichertshofen, Garching - Hochbrück, München - Milbertshofen, Ingolstadt Nord, Mosel bei Zwickau, Leipzig, Bremerhaven, Fallersleben, Emden und Lehrte angefahren. Seit September 2010 werden in Zusammenarbeit mit der Polnischen Staatsbahn (PKP) auch Ziele in Polen erreicht. Der Triebfahrzeugpark besteht mehrheitlich aus Mietlokomotiven, die aber teilweise schon seit mehreren Jahren im Bestand sind.

Christian Völk

Eisenbahngesellschaft Potsdam (EGP)

Die Firma ENON, Putlitz, hat die Mehrheitsanteile an der EGP erworben. Das Unternehmen und seine Beteiligungen sollen wie bisher weitergeführt und ausgebaut werden. EGP ist als ehemalige Güterverkehrableger der Prignitzer Eisenbahn erfolgreich im Schienengüterverkehr tätig und betreibt als Teilhaber der Städtebahn Sachsen neuerdings auch Personenverkehr auf fünf nicht elektrifizierten Strecken im Raum Dresden.

An Triebfahrzeugen werden eingesetzt Dieselloks der Baureihen V 22 B (LKM), V 60 D (LEW), V 100 (ex DB) und V 221 (ex DB), Elloks der Baureihen 109 (ex DR E 11/211) und 182 (Siemens; wie ÖBB Taurus) sowie auf den Strecken der Städtebahn Sachsen Desiro-Triebwagen (Siemens; wie DB AG 642). Teilweise handelt es um Leihfahrzeuge.

Prignitzer Eisenbahn GmbH. (PEG)

Auf der der PEG als EIU gehörenden und gut ausgebauten Strecke (Pritzwalk-) Meyenburg-Güstrow war es nach der Abbestellung des Personenverkehrs sehr ruhig geworden. Seit Dezember 2010 fahren hier jedoch wieder täglich drei Güterzugpaare in beiden Richtungen von Rostock-Seehafen nach Malchow.

PEG (Wittstock-Pritzwalk): DB-LVT nach Wittstock (rechts) und PEG T 2 am 10.5.2001 im Bahnhof Heiligengrabe. Das Bahnhofsgebäude steht abseits vom Gleis. Foto: Dieter Riehemann

Prignitzer Eisenbahnen - ein Besuchsbericht

Die Prignitz, eine stille Gegend mit einem bunten Eisenbahnleben, konnte ich am 26.4.2010 auf einer Auto-Anreise zu einer dienstlichen Tagung, die ich praktischerweise erst abends erreichen musste, besuchen.

Mein erstes Ziel war der Güterzug von Wittstock nach Wittenberge, der üblicherweise von zwei West-V 100 der Eisenbahngesellschaft Potsdam (EGP) bespannt wird. In Wittstock/Dosse dämmert das 1997 verlassene Bahnbetriebswerk vor sich hin: Ein achtständiger Halbrundschuppen mit Drehscheibe und Wasserkran und die alte Schmiede mit eingebautem, achteckigen Wasserturm wären der Erhaltung wert. Die Neuzeit präsentiert sich als durchsanierte Bahnstrecke, die ihre alten Backsteinbahnhöfe links liegen läßt: In Wittstock zwei Gleise mit Seitenbahnsteigen aus Betonelementen, eine gläserne Wartebude und ein Automat. Zur Abfahrt bereit stand die blaue EGP-Diesellok 212 272 (MaK 1965/1000319; V 100 ex DB 212 272) mit vierzehn Güterwagen.

Für Verkehrsaufkommen sorgt das Kronotex-Werk in Liebenthal mit einem eigenen Gleisanschluss. Auch dort ist das kleine, backsteinerne Bahnhofsgebäude in Vergessenheit geraten, aber immerhin halten hier noch Züge. Ich bin dem Zug vorausgefahren und habe mich am Bahnhof Heiligengrabe postiert. Die Bahnstrecke wurde hier bei dem Ausbau für den »Prignitz-Express« eingleisig neu aufgebaut. Das alte Empfangsgebäude steht jetzt weit ab vom Gleis beschmiert und zugebrettert im Unkraut. Kaum war der »Prignitz-Express« (DB-Regio RE 6), bestehend aus einem Triebwagen des Stadler-Typs GTW 2/6 (DB-Baureihe 646/946) von der neuen Bahnsteigkante abgefahren, rauschte die blaue V 100 mit ihrem Güterzug durch. Mir fehlte der rennfahrerische Ehrgeiz, den Zug möglichst oft mit dem Auto einzuholen, deshalb habe ich Pritzwalk umfahren und mich noch einmal im Bahnhof Groß Pankow postiert. Hier werden immerhin noch zwei Gleise genutzt, und es gibt noch Formsignale. Der Güterzug fuhr weiter, ich zurück nach Pritzwalk.

Zweiter Besuchsteil war die Strecke Pritzwalk-Putlitz. Die 17 km lange, 114 Jahre alte Nebenstrecke wird von Montag bis Freitag noch im Schülerverkehr bedient. Als Linie VGP 70 führt der Putlitz-Pritzwalker Eisenbahnförderverein e. V. sechs Fahrten durch. Die seltene Gelegenheit, an einem Werktag freie Zeit in der Prignitz zu haben, habe ich gleich für eine Mitfahrt genutzt. Im Einsatz war der Uerdinger Schienenbus 798 610 der DERA Deutsche Eisenbahnromantik AG (Uerdingen 1956/61965: ex PEG T2). In altroter Lackierung und mit blauen Kunstlederbänken ausgestattet brummte und schlackerte die Fuhre langsam und mit wenigen Fahrgästen nach Putlitz. Eine ruhige Gegend, weite Blicke ins Land, Rehe auf den Gleisen, sehr stimmungsvoll.

Bei der Wendepause in Putlitz ein Blick über das Bahngelände, in dem folgende Fahrzeuge überwiegend in desolatem Zustand, abgestellt waren: Eine LEW-V 60 D (orange, »9«), zwei hellblaue LKM-V 22 (Calbe 12 und Calbe 15), zwei schwarze Kö II, ein MaK-Großraumtriebwagen ALN (orange), der Uerdinger-Schienenbus PEG-T 9, ein Lufthansa-Airport-Express, die 228 104 in üblem Zustand und auf dem Anschlussgleis von Schrott Stolz, soweit im Vorbeifahren zu erspähen, ein weiterer MaK-ALN und mindestens eine ex Griechenland-221. Dieses alte, kaputte Gerümpel wartet wohl darauf bei Bedarf aufgearbeitet zu werden. Erfreulich war es nach diesem Anblick, dass der Schienenbus immer noch auf dieser idyllischen Nebenbahn fährt.

Zurück in Pritzwalk, wo es noch einen »richtigen« Bahnhof mit vielen Gleisen und einigem Betrieb gibt, stand ich eine Stunde am Bahnsteig. Auf den Strecken Pritzwalk-Neustadt/Dosse (PE 73) und Pritzwalk-Meyenburg (PE 74) wurden zweiachsige Schienenbus-Raritäten des DWA-Typs LVT/S (504 002 und 504 005, Baujahr 1998) in silbern/roter Lackierung eingesetzt. EGP-212 314 stand mit einem Schotterzug auf einem Nebengleis, und EGP-212 279 rangierte mit einem Notfalltechnikzug herum. Bei Bauarbeiten am Gleis wurde Bombenalarm ausgelöst, der den Zugverkehr aber nicht wesentlich beeinträchtigte und letztlich nur eine entleerte Gasflasche zu Tage brachte. Meine letzte Station vor dem Durchstarten zur Tagung war Meyenburg an der Strecke Pritzwalk-Karow (-Güstrow), wo sich heute das PEG-Betriebswerk befindet. Auch hier ein verlassenes Empfangsgebäude, das zum Verkauf steht. Der Hausbahnsteig wurde durch einen Mittelbahnsteig mit behindertengerechtem Zugang ersetzt. Im Gegensatz zur DB Netz versuchen die Prignitzer Eisenbahner nicht, ihre Infrastruktur auf ein Minimum zusammen zu stutzen, sondern sie kennen den Wert von Gleisreserven. Die zahlreichen, langen Nebengleise in Meyenburg standen voll mit alten Fahrzeugen, die ich nur überblicksartig erfassen konnte: Vier zweiteilige Dieseltriebwagen der DSB-Baureihe MRD (MRD 4205 + 4005, 4092 + 4292, 4260 + 4060, ?? + 4040), ein ASF (»2«, orange, »DB Dresden«), sieben Schlafwagen Bcvmh »Couchette«, etwa 18 Uerdinger »Lynette«-Triebwageneinheiten von dänischen Privatbahnen, ein Lufthansa-Airport-Express, zwei desolate Uerdinger Schienenbusse der PEG (T 7, T 10 ?), ein intakter Uerdinger-Schienenbus der PEG und die PEG-V 25.01 (ME 1961/5283: Typ Bern: ex MEG Plettenberg). Die dänischen Triebwagen sollen schon seit dem Sommer 2009 in Meyenburg stehen und für Arriva-Einsätze in Polen vorgesehen sein - abwarten. Im Gelände des Betriebswerks stand ein DWA-Doppelstock-Schienenbus (VT 670.3) in heller Lackierung mit Reklame für das »Eisenbahnromantik-Hotel«.

An der nördlichen Bahnhofsausfahrt von Meyenburg befindet sich im alten Beamtenwohnhaus eines der Eisenbahnromantik-Hotels, die der Gründer der PEG als neues Geschäftsfeld eröffnet hat. Der Name dieses Hotels »BR 50« ist Programm, denn vor der Tür steht als Denkmal die 50 3521 (Henschel 1940). Folgt man der Bahnstrecke nach Karow, die 2010 nur von Sonderzügen befahren wurde, wird nach wenigen Kilometern der Bahnhof Ganzlin erreicht, wo der ehemalige Lokschuppen zu einem Eisenbahnromantik-Hotel umgebaut werden soll. Dem Namen   »V 180« entsprechend soll hier eine Diesellok der Baureihe 118 (die 228 104 aus Putlitz ?) aufgestellt werden. Wieder wenige Kilometer weiter, südlich von Plau am See, wird das Eisenbahnromantik-

PEG (Pritzwalk-Meyenburg-Güstrow): T 10 am 7.5.1999 im Bf. Ganzlin.　　Foto: Dieter Riehemann

Hotel »V 100« betrieben. Vor dem Fachwerkhaus steht als Denkmal die namensgebende 201 068 (LKM 1968). Die Gaststube wurde neu in grau/schwarz-Tönen und mit monochromen Detailfotos von der V 100 dekoriert. So weit so nett. Lohnender waren ein Spaziergang am Plauer See und der Besuch des Städtchens Plau mit einer Hubbrücke von 1916.

Martin Raddatz

Rhenus Veniro

Mit den neuen Stadler-Triebwagen hatte es Zulassungsprobleme gegeben, weswegen zunächst DB Regio mit lokbespannten Zügen ausgeholfen hat. Rhenus Veniro konnte jedoch am 4.5.2011 (im Auftrag des Zweckverbandes Schienenpersonennahverkehr Rheinland-Pfalz Nord) nunmehr den Betrieb auf der Hunsrückbahn zwischen Boppard und Emmelshausen mit den ersten eigenen, modernen Dieseltriebwagen aufnehmen. Die neuen Fahrzeuge vom Typ Regio-Shuttle von Stadler-Pankow sind mit einem für die Hunsrückbahn modifizierten Antriebs- und Bremssystem ausgerüstet.

Regio Infra Gesellschaft mbH (RIG)

Das Eisenbahn-Infrastruktur-Unternehmen (EIU) Regio Infra in Putlitz kaufte von der DB AG die Strecken Neustadt/Dosse-Neuruppin und Neuruppin-Herzberg. Die längere Zeit stilliegende Linie Neustadt/Dosse-Neuruppin wurde inzwischen von wild wachsender Vegetation befreit und soll vor allem das Gewerbegebiet Temnitzpark wieder an das Schienennetz anschließen.

Eisenbahn-Bau- und Betriebsgesellschaft Pressnitztalbahn mbH (PRESS) Rügensche Bäderbahn (RüBB) Bergen auf Rügen-Lauterbach Mole

Zum Fahrplanwechsel im Dezember 2009 hat die PRESS für neun Jahre den normalspurigen Schienenpersonennahverkehr zwischen Bergen auf Rügen und Lauterbach-Mole (Kursbuchstrecke 198) übernommen. Damit liegen alle Zugleistungen ab Putbus in einer Hand. Für den planmäßigen Personenverkehr wurde ein gebrauchter Dieseltriebwagen des Typs Re-

gioShuttle RS 1 (ehemaliger Stadler-Vorführwagen VT 304 (Stadler 2002/371262002) beschafft. Der Triebwagen wurde neu lackiert und in 650 032 umnummeriert.

Martin Raddatz

Bückebergbahn Rinteln-Stadthagen GmbH

Diese neue Gesellschaft hat mit der Rinteln-Stadthagener Verkehrsgesellschaft (RStV) einen Pachtvertrag geschlossen und wird die Strecke Rinteln-Stadthagen künftig betreiben. Betriebsführendes Unternehmen ist die Rhein-Sieg Eisenbahn (RSE).

STRABAG Rail

Die NoHAB-Dieselloks 1147 und 1155 werden von der STRABAG im Baudienst eingesetzt. Die übrigen NoHAB der Firma Eichel Eivel wurden bis Ende Oktober 2010 in Haldensleben (Eichel Eivel-Firmensitz) abgestellt.

Städtebahn Sachsen GmbH Betrieb Heidenau-Altenberg/Erzgebirge

Das Verkehrsunternehmen hat seinen Sitz in Dresden

NOHAB
Oben: *Die My 1131 kam zum Erfurter Bahnservice (EBS).*
Foto: Erwin Knechtel
Städtebahn Sachsen
Mitte: *Einfahrt eines Triebwagenzuges aus Heidenau am 23.3.2011 in den Bf Altenberg.*
Unten: *Triebwagen am Bahnsteig in Altenberg.*
Fotos (2): Joachim Schwarzer

Städtebahn Sachsen: Gesamtansicht vom Bahnhof Altenberg. Foto: Joachim Schwarzer

und führt mit Siemens Desiro-Triebwagen im Bundesland Sachsen Zugverkehr auf bestimmten Strecken durch. Hierzu gehört die Müglitztalbahn von Heidenau nach Altenberg. Für den Unterhalt der Gleis- und Bahnhofsanlagen ist weiterhin die DB Netz AG zuständig. In den letzten Jahren hat man viel investiert, die Gleis- sowie Bahnhofsanlagen modernisiert und zeitgemäß ausgestattet. Damit verbunden waren umfangreiche Rückbaumaßnahmen. So ist Güterverkehr nur auf dem kurzen Stück von Heidenau bis Dohna zu einem Gleisanschluss möglich. Für Zugkreuzungen im Personenverkehr steht der Bahnhof Glashütte zur Verfügung. Dementsprechend ist die Fahrplangestaltung.

Von Montag bis Freitag wird von 4.19 bis 22.12 Uhr ein Stundentakt angeboten, wobei zwei Triebwagen ab Altenberg eingesetzt werden. Samstags, sonn- und feiertags kann man alle zwei Stunden durch das Tal fahren. In der Wintersaison gibt es bei entsprechenden Schneeverhältnissen zusätzliche Angebote. In Altenberg ist direkt neben dem Bahnhofsgebäude ein moderner Busbahnhof mit Umsteigemöglichkeiten zu den Erholungsorten in der umliegenden Region entstanden.

Joachim Schwarzer

Teutoburger Wald-Eisenbahn (TWE)

DB Schenker hat den bislang von der TWE gefahrenen Durchgangsgüterverkehr auf dem TWE-Gleisnetz sowie den Kiesverkehr zum Hafen Saerbeck und die Bedienung der Anschlussbahn Claas in Harsewinkel übernommen.

Die SNCF-Tochter Captrain Deutschland GmbH, die 88 % der TWE besitzt, hat den restlichen TWE-Aktienbesitzern ein freiwilliges Übernahmeangebot gemacht.

Verkehrsbetriebe Peine Salzgitter (VPS) HarzElbeExpress (HEX)

In der Nacht zum 29.1.2011 stieß gegen 22.20 Uhr auf der Strecke Oschersleben-Halberstadt in Sachsen-Anhalt beim Bahnhof Horleben ein HEX-Triebwagen mit einem VPS-Güterzug frontal zusammen. Der Triebwagen wurde von den Gleisen geschleudert. Die VPS-Lok 1704 wurde schwer beschädigt. Es waren 10 Tote (darunter der Triebwagenfahrer) und 23 Verletzte zu beklagen. Die Strecke besaß keine Sicherung mit Zugbeeinflussung. Ein auf Halt stehenden Formsignal soll vom Güterzug nicht beachtet worden sein.

Lokalbahnen in Österreich

Oben:

Berchtesgadener LandBahn
Am 1. Juni 2011 gelangte die 194 178 mit einem Schienentransportzug über die Steilstrecke von Bad Reichenhall nach Berchtesgaden.
Tatsächlich ist es die 194 580 des EVU Rail4You, das die Lok in Neustrelitz aufarbeiten und ozeanblau-elfenbein lackieren und als 194 178 beschriften ließ. Rechts im Bahnhof Bad Reichenhall ist ein FLIRT der BLB zu sehen.
Foto: Philipp Mackinger

Mitte und unten:

CargoServ/Adria
CargoServ 1216 931 vor G47209 (Linz-Stahlwerke - Tarviso Boscoverde) durchfährt am 27.3.2011 den Bahnhof Timelkam an der Westbahn unweit Salzburg. Statt planmäßig einer Zwischenlok (entweder von SLB oder GKB/Adria oder LTE oder Siemens Dispo) liefen diesmal gleich drei Maschinen und zwar alle drei Adria-Loks 1216 921 + 920 + 922.
Fotos (2): Dagmar Lueginger

Graz-Köflacher Eisenbahn (GKB)

Mein Besuch am 24.12.2010 im Bahnhof Wies-Eibiswald am 24.12.2010 bescherte mir kleine vorweihnachtliche Überraschungen.

Oben:

in der Früh traf zunächst bei dichtem Nebel und Regen die RTS-Lok 2016 905 mit einem Doppelstockwagenzug ein.

Die GKB überlegen, einige Maschinen der Reihe 2016 zu erwerben.

Mitte:

Mittags fuhr bei etwas besserem Wetter die 1500.2 mit ihrem Zug ein.

Unten:

Im Lieboch konnte ich noch den Oberbauwagen DM 100.2 aufnehmen.

Fotos (3): Dr. Stefan Lueginger

Salzburger Lokalbahn (SLB)
Oben:
Am 1.10.2010 eröffnete DB Schenker eine neue Anschlussbahn in Bergheim-Siggerwiesen an der Salzburger Lokalbahn. Die neue, hochmoderne Anlage zweigt nahe der Haltestelle Siggerwiesen von der SLB-Stammstrecke Salzburg-Lamprechtshausen ab Die geschmückte E 71 zog die ersten Waggons aus der Anschlussbahn in Siggerwiesen. Es dürfte sich um eine der wenigen DB Schenker-Anlagen mit Gleichstromfahrleitung handeln.
Foto: Peter Brandt/SLB/pr.

Mitte:
Am 15.4.2011 war die SLB-V 87 mit einem Güterzug in Vöcklabruck an der ÖBB-Westbahn in Richtung Salzburg unterwegs
Foto: Dr. Stefan Lueginger

Unten:
Der dieselelektrische Triebwagenprototyp MAN 1910 wurde 1919 an die SLB als Gütertriebwagen ET 10 verkauft und fuhr 60 Jahre lang im Güterverkehr auf den Strecken Salzburg LB-Parsch/St. Leonhard und Salzburg LB- Lamprechtshausen. Einsätze im Personenverkehr sind dokumentiert, waren aber selten. Gegen Ende seiner Laufbahn im Güterverkehr führte der Triebwagen den Sammel- und Stückgutzug Salzburg-Itzling - Lamprechtshausen. Mitte der 1980er Jahre erfolgte der Umbau und die Modernisierung zum Einsatz als Rüstwagen. Zum 150-jährigen Jubiläum der SLB bekam er wieder seine historische graue Lackierung. Das Bild zeigt ihn im neuen Lack und mit der Beschriftung »Gütermotor MG I«.
Foto: Gunter Mackinger

Neu!

Die Feldbahn

Band 12: Typenbuch Feldbahn-Motorlokomotiven

Andreas Christopher

Die Feldbahn

Band 12
Typenbuch
Feldbahn -
Motorlokomotiven

Ein KLEINBAHN-Buch

zeunert

256 Seiten 170x240 mm, 345 Farb- und 15 SW-Fotos, 55 Loktypenskizzen, EUR 49,50 plus Porto EUR 1,40 (D) bez. EUR 5,50 (EU). Andreas Christopher verfasste dieses seit langer Zeit gewünschte Typenbuch Feldbahnmotorlokomotiven. Gemäß der Konzeption der Buchreihe »Die Feldbahn« werden die deutschen und österreichischen Feldbahn- und Grubenlokhersteller vorgestellt sowie deren Geschichte und ihre Loktypen beschrieben. Die Kapitel mit den einzelnen Herstellern wurden nach einem einheitlichen Aufbau konzipiert, so dass sich der Leser schnell zurechtfindet und bestimmte, ihn interessierende Loks rasch auffinden kann. Wesentliche Typen werden auch in Form von Typenskizzen gezeigt. Die wichtigsten Hauptabmessungen und Daten können den zahlreichen Tabellen entnommen werden. Mit 415 Abbildungen ist hier ein Werk über Feldbahnmotorloks entstanden, wie es unseres Wissens nach in dieser Form noch nicht gegeben hat.

LKM Ns2: 17130/50 des Baustoffkombinats Rostock, Betriebsteil Pölchow, 25.
Fotos (25. Mai 1990): Ulrich Völz

Die Feldbahn 155

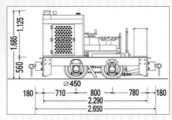

Eine der Typenskizzen und zwei Musterseiten aus dem Buch.

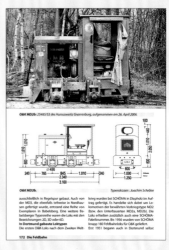

172 Die Feldbahn

Verlag Ingrid zeunert

Postanschrift: Postfach 14 07, 38504 Gifhorn
Hausanschrift: Hindenburgstr. 15, 38518 Gifhorn
Telefon: (0 53 71) 35 42 • Telefax: (0 53 71) 1 51 14
E-Mail: webmaster@zeunert.de • Internet: www.zeunert.de
Ust-ID: DE115235456

Dieter Riehemann

Die ehemaligen Kleinbahnen in der Altmark 1990

Historisches

Die Altmark, der nordwestliche Teil des Bundeslandes Sachsen-Anhalt, hatte einst ein dichtes und mehrfach miteinander verknüpftes Netz privater Kleinbahnen verschiedener Gesellschaften zu bieten. Alle Bahnen wurden 1949 enteignet und der Deutschen Reichsbahn eingegliedert, behielten aber eine gewisse Eigenständigkeit, die sich zum Beispiel in den unverändert getrennten Stationen an den Übergangspunkten zur »alten« Staatsbahn, in eigenen kleinen Bw-Stützpunkten und eigenen Stammfahrzeugen ausdrückte.

Die größte Bahngesellschaft in der Altmark war die »Altmärkische Eisenbahnen AG«. Das Unternehmen ging aus verschiedenen Kleinbahngesellschaften hervor und ist aus diesem Grund, aber auch im Hinblick auf die Wirtschaftsstruktur und die Landschaft, mit den benachbarten »Osthannoverschen Eisenbahnen AG« vergleichbar

Kurzer Rückblick auf die Entstehung der »Altmärkischen Eisenbahnen AG«

1901 eröffnete die Schmalspurbahn Vinzelberg-Gr. Engersen-Klötze den Betrieb unter Regie der »Altmärkischen Kleinbahn GmbH«. Fast parallel dazu verlief die im Jahr 1899 eröffnete Regelspurbahn Bismark Anschlußbf (später

Nord: Ehemaliger Kleinbahnhof in Salzwedel am 13.10.1990 mit VB 171 831 und VT 171 031.

Nord: *Bahnbetriebswerk im ehemaligen Kleinbahnhof Salzwedel (2.10.1990).*

Nord: *Diesellok 112114 am 2.10 1990 mit Güterzug nach Salzwedel im Bahnhof Dähre.*

Hohenwulsch)-Kalbe-Beetzendorf der »Altmärkischen Kleinbahn AG«, einem Unternehmen der Lenz-Gruppe. Die Kleinbahn AG verlängerte ihre Regelspurbahn im Jahr 1903 über Beetzendorf hinaus bis Diesdorf, wo Anschluß an die bereits 1901 eröffnete Schmalspurbahn Salzwedel-Diesdorf der »Salzwedeler Kleinbahn GmbH.« bestand, nannte sich nun »Kleinbahn AG Bismark-Kalbe-Beetzendorf-Diesdorf« und trennte sich von der Fa. Lenz.

1904 kam mit der »Kleinbahn AG Gardelegen-Kalbe« eine weitere regelspurige Kleinbahn hinzu, die Gardelegen (Übergang zur Staatsbahn) mit Kalbe verband. Noch 1904 vereinigte sich die Bahngesellschaft mit der »Kleinbahn AG Bismark-Kalbe-Beetzendorf-Diesdorf«,

Nord: VT 171 031 am 13.10.1990 im ehemaligen Kleinbahn-Bahnhof Diesdorf.

Nord: Diesellok 112 114 am 2.10.1990 im Bahnhof Diesdorf. Rechts vor dem ehemaligen Kleinbahn-Bahnhofsgebäude liegt noch das Gleis der einstigen Strecke nach Wittingen West.

die sich fortan »Kleinbahn AG Bismark-Kalbe-Beetzendorf-Diesdorf« nannte und sogleich neue Aktivitäten entwickelte. Im Jahr 1909 konnte die Kleinbahnstrecke über Diesdorf hinaus nach Wittingen verlängert werden, 1911 schließlich fuhr der erste Zug über die neue Verbindungsbahn von Rohrberg (an der Strecke Beetzendorf-Diesdorf gelegen) nach Zasenbeck und stellte damit eine direkte Verbindung zur »Kleinbahn Oebisfelde-Wittingen« (später OHE) her. Die Bahngesellschaft hieß nun »Kleinbahn AG Bismark-Gardelegen-Wittingen« und betrieb ein zusammenhängendes Netz von 111 km Länge.

Die schon erwähnte »Altmärkische Kleinbahn GmbH.« hatte mit zunehmenden wirtschaftlichen Schwierigkeiten zu kämpfen. Dies lag an der parallel verlaufenden Strecke der Kleinbahn-AG und hatte sich nach Eröffnung der Strecke Gardelegen-Kalbe, die in Gr. Engersen die Schmalspurbahn kreuzte, noch verschärft. So erfolgte schließlich 1927 die Stilllegung des unrentablen östlichen Streckenteils zwischen Gr. Engersen und Vinzelberg. Der Streckenteil

Süd
Oben: *101 535 steht am 29.7.1990 in Beetzendorf am Bahnsteig der ehem. Kleinbahn-Strecke nach Wittingen West. Rechts der DR-Bahnhof.*
Mitte: *171 068 am 28.7.1990 im Bahnhof Apenburg.*
Unten: *Katastrophaler Gleiszustand in Kiesbettung am 28.7.1990 bei Hohentramm.*

Süd: *Der ehemalige Kleinbahn-Endbahnhof in Beetzendorf am 13.10.1990 mit 171 004.*

Süd: *171 068 am 29.7.1990 im ehemaligen Kleinbahn-Bahnhof Beetzendorf.*

Klötze-Faulenhorst (-Gr. Engersen) wurde auf Normalspur umgebaut, allerdings nicht mehr in Gr. Engersen, sondern in Wernstedt an die Kleinbahn-AG angebunden. Im gleichen Jahr noch fusionierten die Kleinbahn-GmbH und Kleinbahn-AG zur »Altmärkischen Kleinbahn AG«, die sich 1943 nochmals in »Altmärkischen Eisenbahn AG« umbenannten. Die Altmärkischen Eisenbahnen waren damit endgültig das größte Kleinbahnunternehmen in der Altmark. Zu dem Netz gehörten 127 km Strecke, das fünf Überganspunkte zur Deutschen Reichsbahn hatte (Bismark Anschlußbf., Gardelegen, Klötze, Beetzendorf und Wittingen), ferner je zwei Übergangsbahnhöfe zur »Kleinbahn Wittingen-Oebisfelde« (Wittingen und Zasenbeck) bzw. zu den »Salzwedeler Kleinbahnen« (Diesdorf und Winterfeld/ Badel) und darüber hinaus in Wittingen an die »Kleinbahn Celle-Wittingen«, in Bismark Aschlußbf. an die »Stendaler Kleinbahn« sowie in Gardelegen an die »Kleinbahn Gardelegen-Neuhaldensleben-Weferlingen« anschloß. Sitz der »Altmärkischen Eisen-

Süd
Oben: 171 004 am 13.10.1990 im Haltepunkt Hohentramm.
Mitte: 171 004 am 14.10.1990 im Bahnhof Winterfeld.
Unten: 171 004 am 13.10.1990 im ehemaligen Trennungsbahnhof Badel. Links die Strecke nach Beetzendorf, und rechts die frühere Strecke nach Salzwedel.

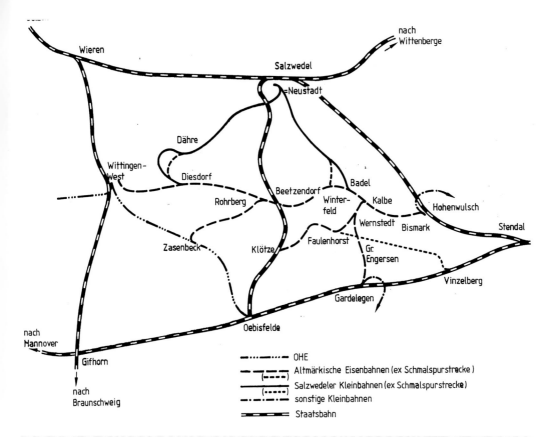

Streckenplan der ehemaligen Altmärkischen Kleinbahnen.   Skizze: Klaus-Joachim Schrader †

Legende:
- ···—···— OHE
- ─ ─ (─ ─) Altmärkische Eisenbahnen (ex Schmalspurstrecke)
- ─── (·····) Salzwedeler Kleinbahnen (ex Schmalspurstrecke)
- ─·─·─·─ sonstige Kleinbahnen
- ══════ Staatsbahn

Lage der Altmark in Sachsen-Anhalt.

bahnen AG« war Kalbe (Milde), wo sich auch umfangreiche Bw-Anlagen befanden.

Die »Salzwedeler Kleinbahn GmbH.« eröffnete 1901 eine Schmalspurbahn von Salzwedel-Neustadt (gegenüber dem Staatsbahnhof) nach Diesdorf, wo ab 1903 Anschluß an die Normalspurstrecke der Altmärkischen Eisenbahnen bestand. 1903 nahm die »Salzwedeler Kleinbahn Südost GmbH.« ihre ebenfalls meterspurige Kleinbahn von Salzwedel-Neustadt nach Winterfeld über Jeggeleben in Betrieb. Zwischen Salzwedel-Neustadt und Salzwedel-Altperver Tor gab es einen Gemeinschaftsbetrieb mit der Diesdorfer Kleinbahn, in Winterfeld bestand Anschluß an die »Altmärkischen Eisenbahnen« (Strecke Beetzendorf-Kalbe).

Die »Salzwedeler Kleinbahn« und die »Salzwedeler Kleinbahn Südost« fusionierten im Jahr 19221 zur »Salzwedeler Kleinbahnen GmbH«. 1926 bis 1928 baute die Kleinbahn ihr Streckennetz auf Normalspur um. Dabei gab es einige Trassenveränderungen. So wurde die Strecke

Salzwedel-Diesdorf 5 km länger, weil die Ortschaft Bonese mit angeschlossen wurde.

Die andere Strecke wurde nur bis Jeggeleben umgespurt. Unter Aufgabe des Abschnittes Jeggeleben-Winterfeld baute man eine neue Normalspurbahn Jeggeleben-Badel, die in Badel wiederum mit der Altmärkischen Eisenbahn zusammentraf. Insgesamt verfügten die Salzwedeler Kleinbahnen damit über 55 km normalspurige Kleinbahnstrecken.

Erinnerungen an einen Besuch nach der Wende

Von 182 km Strecken der »Altmärkischen Eisenbahnen AG« und »Salzwedeler Kleinbahnen GmbH.« war im Jahr 1990 nur ein bescheidener Rest übrig geblieben.

Da war zunächst die Strecke Salzwedel-Diesdorf (36 km) der ehem. Salzwedeler Kleinbahnen, die noch Personen- und Güterverkehr hatte, die später nur noch bis Dähre befahren wurde, und auf der 1995 der Personenverkehr eingestellt wurde.

Die Strecke Salzwedel-Badel war noch vorhanden, hatte aber keinen Zugverkehr mehr. Auf langen Streckenabschnitten waren Schadgüterwagen abgestellt.

Von den Altmärkischen Eisenbahnen waren zuletzt lediglich die 42 km zwischen

Süd
Oben: *171 004 am 14.10.1990 in Bühne-Güssefeld.*
Mitte: *171 005 am 14.10.1990 in Neuendorf-Karritz.*
Unten: *171 004 am 14.10.1990 im Endbahnhof Hohenwulsch.*

Süd: 171 004 am 13.10.1990 vor dem Bahnhofsgebäude in Kalbe. Links die Triebwagenhalle.

Beetzendorf und Hohenwulsch über Kalbe vorhanden. Hier gab es bis 1992 noch Güter- und Personenverkehr. Nach Stilllegung des Abschnitts Kalbe-Beetzendorf fuhren Güterzüge und Schienenbusse nur noch zwischen Hohenwulsch über Bismark nach Kalbe. Alle anderen Strecken waren schon vorher stillgelegt. Man findet aber noch heute viele Relikte wie Bahnhofsgebäude, Trassen oder Gleisstücke in Bahnübergängen.

Im Personenverkehr zwischen Salzwedel und Dähre sowie zwischen Kalbe und Hohenwulsch waren zuletzt nur noch ausschließlich Schienenbusse, meistens solo, im Einsatz. »Kleinbahnatmosphäre pur« war hier noch Anfang der 1990er Jahre zu erleben. So stellte sich im Herbst 1990 die Situation auf den beiden Strecken wie folgt dar:

Salzwedel-Diesdorf

In Salzwedel begannen und endeten die Personenzüge unverändert im alten Bahnhof Neustadt, der an einer repräsentativen und mit Bäumen flankierten Bahnhofsstraße dem Staatsbahnhof gegenüber lag. Zu sehen waren u.a. noch die alten Bw-Anlagen der Salzwede-

ler Kleinbahnen. Täglich fuhren drei Zugpaare und ein Zug Diesdorf-Salzwedel, Besetzung schwach bis mäßig. Der Güterverkehr war dürftig, etwas Herbstverkehr, Kartoffelzüge. Trotz der auf langen Strecken eingebauten Betonschwellen schlechte Gleislage, viele Langsamfahrstellen. Die Fahrzeit der Schienenbusse betrug 91 Minuten für 36,2 km Strecke! In Diesdorf waren noch einige Anlagen und Gebäude der Altmärkischen Eisenbahnen vorhanden. Am alten Bahnsteig in Richtung Wittingen lag noch das Gleis. Das nette kleine Bahnhofsgebäude stand im Gleisdreieck der Strecken von Salzwedel und Wittingen. Ab 1992 fuhren die Züge nur noch bis Dähre, täglich drei Zugpaare, ferner eine Omnibusfahrt Diesdorf-Salzwedel früh morgens, ansonsten Omnibus-Anschlußverkehr Diesdorf - Dähre und Dähre - Diesdorf jeweils zu den drei Schienenbuspaaren. 1995 endete der Personenverkehr auch zwischen Salzwedel und Dähre.

Beetzendorf-Kalbe-Hohenwulsch

Nach zwei bis drei Minuten Fußweg vom »Staatsbahnhof« Beetzendorf (trotz bestehender Gleisverbindung wurden die Triebwagen

der ehemaligen Kleinbahnstrecke nie in den DR-Bahnhof eingeführt) hatte man die Abfahrtstelle der Triebwagen nach Kalbe (Milde) erreicht. Dort eigenes Empfangsgebäude, Bahnsteig, Umsetzgleis, alles unveränderte Altmärkische Eisenbahn AG. Der einstige Altmärkische Bahnhof für die Züge in Richtung Diesdorf - Wittingen bzw. Zasenbeck befand sich auf der dem Staatsbahnhof gegenüberliegenden Seite. Auch hier waren noch Reste der Kleinbahnanlagen zu erkennen.

Die Zugfahrt zwischen Beetzendorf und Kalbe ist ein wahres Erlebnis gewesen. Der Oberbau war miserabel, die Kies- und Sandbettung des Gleises stark verkrautet. Fahrgäste waren selten. Manchmal verkehrtem die Züge als reine Personalfahrten, wobei der Triebwagen mit Fahrer und Schaffner besetzt war. Ab Badel wurde das Gleis besser, und erst ab Kalbe stieg auch die Benutzung der Züge. Kalbe (Milde) hatte seinen Charakter als Kleinbahnknotenpunkt bewahrt, auch wenn es eigentlich nur noch Durchgangsstation war. Fast alle Züge der Strecke Beetzendorf-Hohenwulsch wurden in Kalbe gebrochen. Hier gab es noch die immer noch benutzte Triebwagen-

Süd
Oben: *171 018 vor dem Bw in Kalbe.*
Mitte: *Das Bahnhofsgebäude in Bismark.*
Unten: *Die Viehverladerampe in Bismark.*

Süd: 171 018 am 29.7.1990 in Bismark, einem der größeren ehemaligen Kleinbahn-Bahnhöfe.

halle der Altmärkischen Eisenbahnen, die Bw-Anlagen, das große Empfangsgebäude - alles war noch da, nur die Betriebsleitung der »Altmärkischen Eisenbahnen AG« fehlte in dieser »heilen Kleinbahnwelt«.

Zwischen Kalbe und Hohenwulsch war Bismark ein bedeutender Bahnhof. Hier gab es auch ein nennenswertes Güteraufkommen.

In Hohenwulsch fuhr der Triebwagen ebenfalls in einen separaten Bahnhof der Straßenseite des Empfangsgebäudes der Hauptbahn gegenüber ein. Auch waren noch Empfangsgebäude und Lokschuppen der Kleinbahn vorhanden.

Inzwischen ist von der ganzen Kleinbahnherrlichkeit in der Altmark leider nichts mehr übrig geblieben.

Fahrzeiten der Personenzüge (1990):

57 Minuten zwischen Beetzendorf und Kalbe (27,1 km).

26 Minuten zwischen Kalbe und Hohenwulsch (15,2 km.

Süd: 771 068 am 25.6.1990 in Hohenwulsch. Hinten rechts der Kleinbahn-Lokschuppen.

Martin Raddatz

SWEG-Nebenbahn Bad Krozingen-Staufen-Untermünstertal (Münstertalbahn)

Der Münstertalbahn im Südwesten Deutschlands stehen große Veränderungen bevor. Das ist Anlass genug, wieder einmal über diese kleine Nebenbahn zu berichten.

Nachdem 1855 in der Rheinebene die Hauptbahn Mannheim-Basel in Betrieb genommen worden war, wollten zahlreiche Städte und Gemeinden in den Seitentälern des Schwarzwaldes einen Anschluss an die Staatsbahn. Letztlich entstanden südlich von Freiburg im Breisgau fast zeitgleich drei Kleinbahnen.

1895 wurde der Betrieb auf der normalspurigen Nebenbahn Haltingen-Kandern eröffnet.

Die etwa 15 km lange Strecke führt durch das Kandertal und diente sowohl dem Reise- als auch dem Güterverkehr (Steinbrüche, Ziegeleien, Landwirtschaft). Seit 1985 wird die Kandertalbahn ausschließlich als Museumseisenbahn betrieben.

1896 wurde die Müllheim-Badenweiler Eisenbahn eröffnet. Die 7,5 km lange Meterspurstrecke wurde 1914 auf elektrischen Betrieb umgestellt. Fortan wurden die Kurgäste in Straßenbahn-ähnlichen Zügen befördert. Die Stilllegung erfolgte 1955. Auch die Städte Sulzburg und Staufen wollten einen Anschluss

Esslinger-Triebwagen der SWEG als durchgehender Zug ins Münstertal im Juli 1980 in Freiburg Hbf.

SWEG-VT am 24.9.2010 in Bad Krozingen. Rechts DB AG-Regionalexpress aus Freiburg.

an die Hauptbahn. Sie beauftragten die Firma Vering & Waechter, eine normalspurige Nebenbahn von Krozingen über Staufen nach Sulzburg zu bauen und zu betreiben. Die Nebenbahn Krozingen-Staufen-Sulzburg wurde Ende 1894 eröffnet. Die Streckenlänge betrug 11 km. Im Mai 1916 wurde die Zweigstrecke von Staufen in das Münstertal eröffnet. Die Kleinbahn Staufen-Untermünstertal-Sulzburg, genannt Münstertalbahn, hatte mit einem Streckennetz von knapp 17 km ihre größte Ausdehnung erreicht.

Die Münstertalbahn ging erst an die Deutsche Eisenbahn-Betriebs Gesellschaft (DEBG) und dann 1963 an die Südwestdeutsche Eisenbahngesellschaft über. Der Betrieb wurde nach und nach rationalisiert, indem man z. B. die Dampfloks durch Dieseltriebwagen ablöste.

Im Mai 1969 wurde der Reisezugverkehr zwischen Staufen und Sulzburg eingestellt, bald darauf auch der Güterverkehr. Die Strecke wurde abgebaut bis auf ein noch für gelegentliche Güterzüge als Anschlussgleis betriebenes, etwa 2 km langes Stück zwischen Staufen und Grunern. Mittlerweile ist auch dieses Gleis vom Netz getrennt und weitgehend abgebaut. Der alte Sulzburger Bahnhof ist heute ein ge-

pflegtes Privathaus. Wer in Sulzburg noch eine Lokomotive sehen möchte, muss in die Kirche gehen. In der ehemaligen Stadtkirche am Marktplatz residiert das Landesbergbaumus-

Lageskizze vom Münstertal.

eum Baden - Württemberg. Dort wird eine kleine Diesel-Grubenlok des Deutz-Typs MAH 914 G von 1957 präsentiert. Der Besuch dieses Museums lohnt sich aber nicht nur wegen dieses Exponats.

Der Strecke in das Münstertal erging es besser als der Strecke nach Sulzburg. Mit vierachsigen Esslinger-Triebwagen und zweiachsigen MAN-Schienenbussen wurde der Personenverkehr abgewickelt. Dabei fuhren ab 1955 einzelne Züge über Bad Krozingen bis Freiburg durch.

So ist es im Prinzip auch heute noch. Nehmen wir uns die Zeit für eine Streckenbereisung. Im Hauptbahnhof Freiburg steht der aus zwei Dieseltriebwagen gebildete Zug bereit. In der Region Freiburg beherrschen die weißen RegioShuttle (ADtranz/Stadler RS 1) das Bild. Die Breisgau-S-Bahn, deren Gesellschafter die SWEG AG und die Freiburger Verkehrs AG sind, fährt ins Elzachtal (Freiburg-Elzach) und in den Kaiserstuhl (Freiburg-Gottenheim-Breisach), wobei bis zu fünf Triebwagen zusammengekuppelt werden. In Gottenheim und Breisach schließen die Strecken der SWEG-Kaiserstuhlbahn (Gottenheim-Riegel-Endingen-

Oben:
SWEG-VT 501 am 18.8.2010 zwischen Etzenbach und Staufen.
Unten:
Dampflok 7 am 25.9.2010 als Denkmal in Staufen Süd. Sie wird umgesetzt werden, wenn der Haltepunkt Staufen Süd an diese Stelle verlegt wird.

Bf. Staufen am 1.10.2010. Rechts BSB-VT 018 und VT 011 aus Freiburg. SWEG-VT 504 (links) wird gleich an den Hausbahnsteig umsetzen und dann nach Bad Krozingen fahren.

Breisach) an, dort werden auch noch Triebwagen des Typs NE ´81 eingesetzt.

In Endingen befindet sich ein modernes Betriebswerk, das auch für die Fahrzeuge der Münstertalbahn zuständig ist. Die Fahrzeuge werden regelmäßig in Freiburg ausgetauscht. Starten wir also in Freiburg, und zwar auf die Minute pünktlich, denn die Rheintalbahn ist chronisch überlastet. Bis Bad Krozingen fährt die SWEG im Auftrag der DB AG. Die dichte Belegung der zweigleisigen Hauptstrecke macht deutlich, dass solange die Rheintalbahn nicht um zwei Gütergleise erweitert worden ist, es kaum Lücken für weitere durchgehende Züge der SWEG-Münstertalbahn gibt.

In Bad Krozingen quert der Triebwagen das Gegengleis, um das an der Stirnseite des Bahnhofs liegende Stumpfgleis der Münstertalbahn zu erreichen. Der Zug muss hier wie in einer Spitzkehre die Fahrtrichtung ändern. Während der Wendepause donnern am schmalen Bahnsteig des Bahnhofs in kurzem Abstand Reise- und Güterzüge vorbei.

»Ab in die Idylle« könnte man denken, wenn sich der Triebwagen jetzt auf seinen Weg ins Münstertal macht. Die Strecke führt um Bad Krozingen herum (Hp. Bad Krozingen Ost) und über Felder (Hp. Oberkrozingen) auf Staufen zu. Schon hier eröffnet sich ein schöner Blick auf den Staufener Schlossberg mit seinen Weinreben und der Burgruine und auf das Panorama des Hochschwarzwaldes. Unterhalb des Schlossbergs am nordwestlichen Rand der Altstadt liegt der Bahnhof Staufen. Er wurde mit der Aufgabe des Bahnhofs Sulzburg zum Betriebsmittelpunkt der Münstertalbahn. Wo früher ein kleiner hölzerner Schuppen für den Schienenbus ausreichen musste, steht heute eine moderne holzverkleidete Fahrzeughalle mit zwei Gleisen, die die drei auf der Münstertalbahn eingesetzten RegioShuttle aufnehmen kann. Während die Züge von und nach Freiburg aus zwei Triebwagen gebildet werden, wird der reine Binnenverkehr mit einem dritten Triebwagen als Solofahrzeug gefahren. Der frühere Güterschuppen neben dem Empfangsgebäude ist zu einer offenen Wartehalle umfunktioniert und das Ladegleis entfernt worden. Es gibt auf der Münstertalbahn keinen Güterverkehr mehr. Der Blick vom Hausbahn-

SWEG-MAN-VT 28 am 30.1.1987 vor dem hölzernen Lokschuppen in Staufen.

steig fällt auf einen großen, baumbestandenen Teich. Dieser soll aus einer Kiesgrube für den Bahnbau entstanden sein.

Die Fahrt geht weiter am Teich entlang, über eine genietete Stahlbrücke über den Fluss Neumagen und über die Hauptstraße. Gleisreste zeigen an, wo einst die Strecke nach Sulzburg abzweigte. Schon bald ist der Hp. Staufen Süd, der ein Schulzentrum und ein expandierendes Wohngebiet erschließt, erreicht. Direkt am Gleis steht als Denkmal die Dampflok 7 der DEBG (Bn2t; Borsig 1907/5331). Diese Lok wurde auf der Kandertalbahn und zuletzt im Münstertal eingesetzt, erhielt im Mai 1959 ihre letzte innere Untersuchung und wurde 1964 an die Stadt Staufen übergeben. Unser Zug setzt seine Fahrt nach kurzem Halt fort. Abermals überquert er die Straße, danach wird die Strecke von dem Fluss Neumagen begleitet. Die Berge links und rechts des Tals steigen an, südlich der Katzenstuhl, nördlich die Etzenbacher Höhe. Nach der Siedlung Etzenbach ist auch der nächste Haltepunkt benannt, der allerdings allein in weiter Flur liegt.

Schnurgerade führt das Gleis am Flussufer entlang nach Dietzelbach (Haltepunkt). Früher gab es hier ein Anschlussgleis in die Gubor-Schokoladenfabrik. Schokolade wird hier nicht mehr produziert. In den Fabrikgebäuden residiert jetzt ein Outletcenter, und die SWEG chauffiert die Schnäppchenjäger bis vor dessen Tür. Eine Wohnsiedlung und ein großer Campingplatz sorgen für weitere Fahrgäste. Die Strecke macht einen kurzen Schwenk und führt dann wieder schnurgerade bergan in die schöne Schwarzwaldlandschaft. Die Hänge im Münstertal werden durch geschwungene Weiden mit einzelnen Baumgruppen geprägt. Im Zusammenspiel mit parallel am Berg verlaufenden Pfaden ergibt sich ein ganz eigentümliches, schattenreiches und grünes Bild, das an eine Murmelbahn erinnert.

Über den Haltepunkt Hof, der eine gleichnamige Siedlung an der Landstraße erschließt, ist bald der Endbahnhof Münstertal erreicht. Das Streckengleis endet an einer Bahnsteigkante mit einfachem Wetterschutz kurz vor dem ehemaligen, desolaten Empfangsgebäude. Der Bahnhof besteht aus einem Umsetzgleis und einem Nebengleis, darum herum große Schotterflächen, die als Parkplatz genutzt werden. Es ist geplant, hier einen Supermarkt mit

SWEG-VT 507 am 30.9.2010 im Hp Etzenbach. Die gepflegte Wartehalle ist beachtenswert.

neuer Zufahrt und »ordentlichen« Parkplätzen zu errichten, was das Erscheinungsbild des Endbahnhofs verändern wird.

Der Bahnhof Münstertal ist ein beliebter Ausgangspunkt für Wanderungen in den Hochschwarzwald. Wer es bequemer mag, kann an der Bahn und dem Flüsschen entlang durch das Tal zurückwandern. Mit dem Zug sind wir in zehn Minuten wieder zurück in Staufen. Es lohnt sich, hier für einen Spaziergang durch die historische Altstadt und auf den Schlossberg auszusteigen. Ein Tipp für Technikfreunde - am Rande der Altstadt, beim Café Decker, führt eine Eisenbrücke von 1871 über den Neumagen. Deren Bogenträger sind, selten genug, aus Gusseisen und stammen von einer 1845 gebauten Eisenbahnbrücke für die Elzüberquerung bei Kenzlingen in Mittelbaden.

Springen wir nun von der Vergangenheit in die Zukunft. Ende September 2010 fanden in Staufen die »Energietage« statt. Dort stellte die SWEG die Pläne zur Elektrifizierung der Münstertalbahn vor. Das Projekt »Breisgau-S-Bahn 2020« sieht vor, die Nebenstrecken in der Region um Freiburg zu elektrifizieren, um einen Taktverkehr mit einheitlichem technischen Standard zu etablieren. Den Beginn macht die Münstertalbahn. Finanziert wird das Vorhaben mit Mitteln des Bundes, des Landes und des Zweckverbandes Regio-Nahverkehr Freiburg. Die Gemeinden müssen flankierende Maßnahmen bezahlen. Die SWEG ist als Vorhabensträger an der Planung beteiligt. Sie führt den Bau aus und betreibt die Strecke.

Die Münstertalbahn wird mit einer Oberleitung versehen, um elektrische Regionaltriebwagen einsetzen zu können. Diese Fahrzeuge sollen etwa 50 m lang sein und 160 Sitzplätze bieten. Zum Vergleich: Der RegioShuttle RS1 hat 71 Sitzplätze. Das bedingt, dass die Bahnsteige auf eine Länge von 80 m (für einen E-Triebwagen plus Reserve) verlängert werden. Die Zahl der Bahnhöfe (3) und Haltepunkte (6) soll unverändert bleiben. Allerdings wird der Bahnhof Staufen, dessen drei Gleise historisch bedingt jetzt unzweckmäßig miteinander verbunden sind, zu einem vollwertigen Kreuzungsbahnhof mit einem zweiten Seitenbahnsteig umgebaut. Die Triebwagenschuppen sind für die längeren Triebwagen auszubauen. Der Gleisplan wird so verändert, dass die Fahrzeuge auf direktem Wege ausrücken können.

Man möchte die Gelegenheit auch dazu nutzen, den Haltepunkt Staufen Süd um 150 m näher an das Schulzentrum zu verlegen. Die Schüler können dann dort, wo jetzt noch die Denkmal-Dampflok steht, direkt an dem Schulzentrum aussteigen, ohne erst das Gleis überqueren zu müssen. Nach dem Planungsstand von September 2010 soll der elektrische Betrieb im Münstertal zum Fahrplanwechsel im Dezember 2012 aufgenommen werden. Mit einer von zur Zeit 60 km/h auf dann 80 km/h erhöhten maximalen Streckengeschwindigkeit sollen die Züge der Münstertalbahn zwischen Bad Krozingen und Staufen und 30 Minuten-Takt und zwischen Staufen und Münstertal mindestens im 60 Minuten-Takt fahren. Fernziel ist ein Halbstundentakt zwischen Staufen und Freiburg. Solange die Rheintalbahn aber nicht ausgebaut worden ist, muss es dort noch bei den drei durchgehenden Zügen je Tag bleiben.

Das Projekt »Breisgau-S-Bahn 2020« soll dazu beitragen, Personenverkehr vom Auto auf die Schiene zu verlagern. Attraktive Angebote wie verbesserte Taktfahrpläne, moderne Triebwagen und

Oben: *SWEG-VT 501 am 20.9.2010 bei Hof (Baden).*
Mitte*: SWEG - VT 501 am 20.9.2010 in der Ausweiche des Bahnhofs Münstertal.*
Unten: *SWEG-VT 505 am 27.9.2010 am Bahnsteig im Endbahnhof Münstertal. Das Gleis führte früher weiter zum alten Bahnhofsgebäude.*

SWEG-Endbahnhof Münstertal am 27.9.2010. Im Hintergrund ist die Rheinebene zu sehen.

das mit der Kurtaxe abgegoltene »Konus«-Freifahrtticket für Touristen haben schon jetzt zu einer höheren und gleichmäßigeren Auslastung der Züge geführt und zeigen den richtigen Weg auf.

Mit einem einheitlichen elektrischen Netz in der Nahverkehrsregion Freiburg werden die Fahrzeuge freizügig einsetzbar, und es entfallen die Dieselfahrten unter der Oberleitung der Hauptstrecke. Die ökologischen und ökonomischen Vorteile des Oberleitungsbetriebs wurden von der SWEG auf den Energietagen in Staufen wie folgt gesehen: Die elektrischen Triebfahrzeuge sind wesentlich günstiger zu unterhalten als Dieseltriebwagen. Geringere Emissionen und Fahrgeräusche verbessern die Umwelteigenschaften am Einsatzort. Der Energieverbrauch beim Fahren ist im Vergleich zum Dieseltriebwagen um gut die Hälfte geringer. Relativ hoch ist dagegen der Primärenergiefaktor, d. h. der Aufwand für die Stromerzeugung. Dieser könnte durch den verstärkten Einsatz regenerativer Energien bei der Bahnstromgewinnung verbessert werden. Auch beim Ener-

gieverbrauch der Fahrzeuge wird noch Verbesserungspotential (sparsamere Klimaanlagen, Energiespeicherung im Fahrzeug) gesehen. Schließlich stellt sich die Frage, ob tatsächlich stets die kürzest mögliche Fahrzeit anzustreben ist oder ob dem Fahrgast im Interesse eines geringeren Energiebedarfs auch zugemutet werden kann, ein paar Minuten länger bis zu seinem Ziel unterwegs zu sein.

Erfreuliche Bilanz: Die Münstertalbahn ist auf einem guten Weg in die Zukunft. Wer die Gesamtstrecke Bad Krozingen- Münstertal noch einmal in »langsamen« 20 Minuten bereisen oder die Züge in der Landschaft ohne Oberleitungsmasten fotografieren möchte, sollte sich allerdings beeilen.

Quellen:

- Gerd Wolff: »Deutsche Klein- und Privatbahnen Band 5«. Verlag W. Zeunert, Gifhorn 1977.
- Harald Mettenberger: »Nebenbahn Krozingen-Münstertal-Sulzburg« in DIE KLEINBAHN Heft 85. Verlag W. Zeunert, Gifhorn 1976.
- Dipl.-Ing. Ulrich Miedler (SWEG),: Vortrag auf den Energietagen Staufen am 25.9.2010.

H. W. Rehder

Besuch im ehemaligen EBOE-Bahnhof Barmstedt

An einem Tag im Jahr 1987 hatte ich mich entschlossen, dem Restbetrieb der jetzt zur AKN gehörenden Elmshorn-Barmstedter Eisenbahn, also dem zu diesem Zeitpunkt noch regelmäßig befahrenen Streckenteil Elmshorn-Barmstedt einen Besuch abzustatten. Hier waren noch die Uerdinger Schienenbusse als Letzte auf einer NE-Bahn in der Bundesrepublik Deutschland im Einsatz. Auch Güterverkehr wurde bei Bedarf noch durchgeführt.

Ich fuhr mit dem Auto zum Bahnhof Barmstedt. Ankunft etwa 7.55 Uhr. Meine Enttäuschung war zunächst groß, denn auf dem gesamten Bahnhofsareal war kein Eisenbahnfahrzeug zu sehen. Der Schalterraum des Bahnhofs war verschlossen, und mit den merkwürdigen Öffnungszeiten (6.45 Uhr bis 7.10 Uhr und 11.30 Uhr bis 15.10 Uhr) konnte ich nichts anfangen. Ein Blick durch das Fenster vom Lokschuppen ergab, dass dort Personal gearbeitet hat, und dass auch die Lok V 2.009 der AKN dort untergestellt war.

Nachdem ich unschlüssig noch am Bahnhof stand, fuhr um 8.00 Uhr ein Zug bestehend aus fünf Uerdinger Fahrzeugen ein. Er wurde getrennt. Ein Triebwagen mit Steuerwagen fuhr um 8.03 Uhr wieder Richtung Elmshorn aus (Nt 418). Aus dem am Bahnsteig verbliebenen Zugteil wurde Expressgut und Gepäck ausgeladen und auf den Güterschuppen gebracht. Anschließend setzte die Einheit zum Gleis neben dem Lokschuppen aus.

Jetzt öffnete sich die Tür des Lokschuppens, und die Lok V 2.009 kam hervor. Sie fuhr nun

AKN-Nt 416 (Schülerzug) am 11.9.1979 auf der Offenaubrücke (km 4,9) bei Sparrieshoop.

AKN-V 2.009 mit Ng 2001 am 5.2.1988 im Haltepunkt Bokholt.

zum äußersten Gleis (Gl 10) des Bahnhofs und wurde dort abgestellt. Um 8.23 Uhr fuhr der Zug Nt 419, bestehend aus Triebwagen und Steuerwagen, in Barmstedt ein. Die Fahrzeuge wurden vom Lokschuppenpersonal übernommen und ausgesetzt. Der Triebfahrzeugführer und der Zugbegleiter, der auch das Expressgut ausgeladen hatte, begaben sich zur Lok und fuhren mit ihr in den Anschluß der Firma Züchner. Nach kurzer Zeit kam die Lok wieder. Es

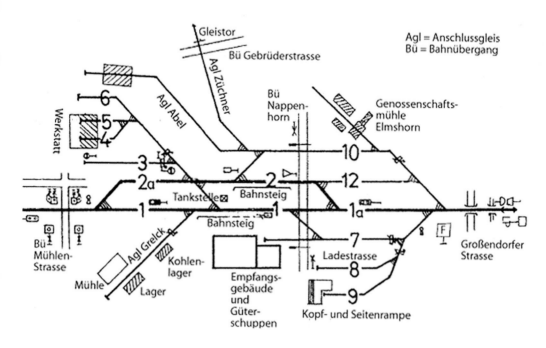

Gleisplan vom Bahnhof Barmstedt.

Skizze aus dem Archiv H. W. Rehder

waren drei Wagen bei Züchner abgeholt worden. Nach einiger Rangierarbeit, zwischenzeitlich war auch wieder ein Personenzug angekommen, der den Steuerwagen absetzte und solo wieder nach Elmshorn fuhr, fuhr der Güterzug Ng 2000 um 9.03 Uhr in Richtung Elmshorn ab. Nun war ein Rundgang um den Bahnhof angesagt. Es gab noch viele alte Relikte zu sehen. So lagen noch die Reste der Anschlussgleise der Firmen Dieckmann (früher abgehend von Gleis 9) und der Genossenschaftsmühle. Auch der Gleisverlauf des Anschlussgleises Grelck war noch zu sehen.

Zwischenzeitlich fuhr wieder der Solo-VT ein und nach kurzer Wendezeit wieder Richtung Elmshorn aus. Um 10.15 Uhr fuhr der Güterzug Ng 2001 in Barmstedt ein. Er bestand aus drei Güterwagen, die nach kurzer Pause und einem Rangiervorgang nach Gleis 10 dann alle der Firma Züchner zugestellt wurden. Nach Rückkehr der Lok aus dem Anschluss wurde diese gleich wieder im Lokschuppen abgestellt.

Der Zugbegleiter (Rangierer) begab sich in das Bahnhofs-

Oben:
Expressgut ausladen, Zugbegleiter und Rangierer sein und Schalterdienst machen - ein Ein-Mann-Job in Barmstedt.

Unten:
Lokschuppen Barmstedt am 24.3.1987 mit (v.l.) den AKN-VS 3.52, VT 3.09 und VT 3.10.

AKN-Lok V 2.009 bedient am 7.11.1986 das Anschlussgleis Züchner.

gebäude. Nach kurzer Zeit öffnete der Fahrkartenschalter.

Der Bedienstete hinter dem Schalter war der Rangierer und der Zugbegleiter, der das Expressgut und Gepäck ausgeladen hatte. Der Bahnhofsdienst war also ein Ein-Mann-Job. Daher auch die merkwürdigen Öffnungszeiten. Ich hatte nun doch noch sehr viel zu sehen bekommen und verließ zufrieden die Stadt Barmstedt.

AKN-VT 3.09 am 24.3.1988 vor dem Lokschuppen in Barmstedt.   *Alle Fotos von H.W. Rehder*

Werkbahnen in Deutschland

Horst Prange

Modellgleisplan »Industriegebiet Butzbach Nord«

Dieses Industriegebiet an der BLE, früher in unserer Literatur nicht sehr bekannt, reizte mich sehr, nachdem ich das Buch von Andreas Christopher über die Butzbach-Licher Eisenbahn gelesen hatte.

Das ist wieder einmal ein Fall für Modellbahner aus der Praxis, wo eine Privatbahn mitten durch Fabriken fährt. Damit der Durchgangsverkehr auch für den Modellbahner nicht gerade zu gefährlich wird, habe ich die im Butzbacher Weichenbau alle an das Streckengleis angebundenen Weichen (vermutlich hat die BLE im Butzbacher Weichenbau schon immer rangiert) auf ein Ziehgleis gelegt (wie in den FAUN-Werken). Nun kann eine Rangierlok in den verschiedenen Werken während Strecken-

Werklok der Firma Pintsch-BAMAG (ex Marburger Krb. 3) am 26.6.1962 in Butzbach Nord.
Foto: Gerhard Moll

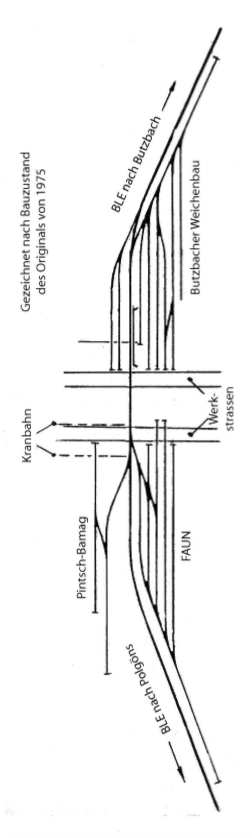

Gezeichnet nach Bauzustand des Originals von 1975

BLE nach Butzbach

Butzbacher Weichenbau

Kranbahn

Werk-strassen

Pintsch-Bamag

FAUN

BLE nach polgöns

BLE-Lok V 13 am 15.5.2001 in Butzbach DB.
Foto: Dieter Riehemann

fahrten rangieren. Für mich ist das Vorbild BLE, auch gerade auf der Strecke Butzbach Ost - Polgöns sehr interessant. Durch Fotos sind uns von der Zugbildung her interessante Beispiele bekannt. Auch der wechselnde Lokbestand und sogar Leihlok-Einsätze in den verschiedenen Epochen sind reizvoll. Nicht alle, aber einige Loks gibt es als Großserienmodelle, dazu natürlich Weinerts ELNAs in Kleinserie.

Als komplette Anlage stelle ich mir einen Punkt-zu-Punkt-Betrieb an der Wand entlang vor mit der Streckenführung vom Endbahnhof Polgöns über das Industriegebiet Butzbach Nord bis zu einem Vorratsbahnhof. Es sind auch andere Versionen denkbar. Sogar Personenverkehr hat bei der BLE stattgefunden.

BLE-Lok V 13 am 13.3.1998 mit einem Güterwagen.
Foto: Dieter Riehemann

Modellgleisplanvorschlag nach Vorbild vom Industriegebiet Butzbach Nord (Zustand 1975).
Skizze: Horst Prange

Wolfgang Zeunert

Neue Modelle

nach Vorbildern bei Klein- und Nebenbahnen

DB-Ellok E 44 504 (H0; Liliput L132547)

Nach einer von BMAG/MSW gebauten Probelok (später DRG E 44 101), die sich im Gebirgseinsatz bewährte, beschaffte die DRG bei BMAG/AEG acht weitere Elektroloks (E 44 102-109), die 1938, als einhundert normale E 44 gebaut worden waren, in E 44.5 (E 44 501-509) umbenannt wurden. Alle E 44 revolutionierten seinerzeit den Bau von Elektrolokomotiven, weil man vom Zentralmotor-Antrieb auf den Antrieb mit je einem Motor auf jeder Lokachse übergegangen war. Der Unterschied zwischen beiden Bauarten: Die E 44 hatte kleine Vorbauten, während die E 44.5 glatte Stirnfronten besaß. Die Loks der Baureihe E 44.5 bewältigten den gesamten Verkehr auf der Hochgebirgsstrecke Freilassing-Berchtesgaden.

Das Liliput-Modell besitzt ein schwarz lackiertes Fahrwerk aus Metall, was dem Modell das notwendige Reibungsgewicht verleiht. Die Ausführung der Drehgestellrahmen setzt einen neuen Qualitätsmaßstab in Bezug auf die vielen Einzelteile und ihre perfekte Gravur. Die beiden Drehgestellseiten sind dem Vorbild entsprechend unterschiedlich ausgeführt. Die Pufferbohlen und die Aufstiegstrittstufen zu den Führerstandstüren sind an den Drehgestellen angebracht, was für Gleisbogenfahrten die Drehgestelle ausreichend beweglich macht. Weil der Ausschlag der Drehgestelle aber nicht so groß ist, fällt das Mitausschwenken der genannten Teile kaum auf, vor allem nicht bei der fahrenden Lok. Der Lokaufbau

Liliput H0: Die E 44.5 ist ein perfekt gelungenes Modell.

Liliput (H0)
Oben:
Seitenansicht der E 44.5.
Mitte:
Die Dachausrüstung der E44.5.
Unten:
Die vorbildliche Ausführung der Drehgestellrahmen.

mit dem an den Stirnseiten überhängenden Dach mit den Sichtschutzblenden ist tannengrün lackiert und zeigt an den Seitenwänden vor allem die Nietreihen der Verblechung, Lüfteröffnungen und verglaste Fenster, hinter denen eine Maschinenraumkulisse zu sehen ist. Das Dach (dunkelsilberfarben) trägt die beiden Scherenstromabnehmer, die im Verhältnis zu heutigen Elloks eher spartanische Elektroausrüstungen, Laufstege an den Dachkanten und die früher für Nebenbahnen obligatorische Glocke an beiden Dachenden. Die Laufeigenschaften sind superb und flüsterleise. Die Mittelleiterausführung ist mit einem ESU-LokPilot V3.0 ausgerüstet. Die Zweileiter-Fahrer finden eine Schnittstelle vor.

Fazit: Diese E 44.5 ist ein ganz prachtvolles Modell, in das sich alle Ellok-Liebhaber auf den ersten Blick vergucken. Für Kleinbahn-Modellbahner ist sie ein Stück aus einer historischen Folge von Loks auf der Strecke Freilassing-Berchtesgaden von der EG 4x1/1/ EG 1 der K.Bay.Sts.B (BRAWA-Modell) über die E 44.5 der DRG/DB (Liliput-Modell) bis hin zum Flirt ET 130 der Salzburger Lokalbahn/Berchtesgadener Land Bahn (Liliput-Modell).

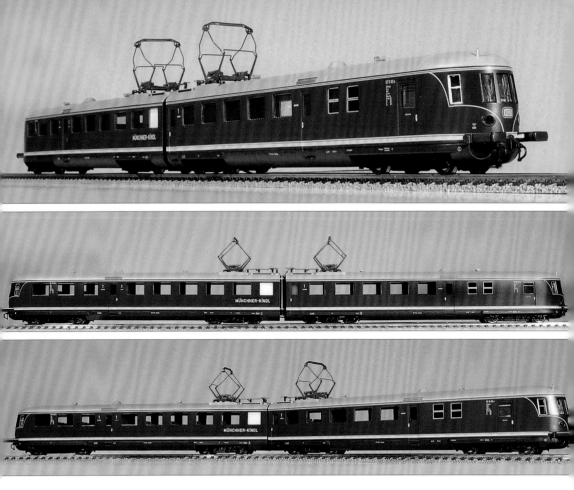

Liliput H0: Drei verschiedenen Ansichten von DB-ET 11 03 »Münchner Kindl«.

DB-Elektrotriebwagen ET 11 03 »Münchner Kindl« (H0; Liliput L133554)

Für ein geplantes elektrifiziertes Schnellverkehrsnetz beschaffte die DRG drei elektrische Probetriebwagen von der Maschinenfabrik Esslingen (einen) und von MAN Nürnberg (zwei) mit je einer unterschiedlichen elektrischen Ausrüstung von AEG, BBC und SSW. Wiederholt wurden Komponenten ausgetauscht und neue erprobt. Durch den Kriegsausbruch unterblieb eine Serienfertigung. Alle drei ET blieben unbeschädigt, wurden in den 1950er Jahren von der DB überholt, erhielten im a-Teil einen Speiseraum und wurden von den von München ausgehenden elektrifizierten Strecken als 1. Klasse-Züge eingesetzt. Sie sind 1961 ausgemustert worden. ET 11 01 wurde zum Messwagen umgebaut. Er steht heute im DGEG-Museum Neustadt/Weinstrasse.

Das Liliput-Modell besitzt das für die 1930er

Jahre typische Äußere mit abgerundeter Stirnfont mit drei mittleren und zwei seitlichen Führerstandsfenstern. Die Front hat die damals noch üblichen zwei Loklampengehäuse, Bremsschläuche, elektrische Verbindungskabel, die imitierte Hakenschraubkupplung und weit vorragende, verkleidete Puffer. Die Seitenwände des a-Teils haben vorn eine größere Schiebetür und in Wagenmitte je zwei schmale Einstiegstüren. Hinter dem Führerstand sind Geräteraum und Pantry, weiter dann Speiseraum und schließlich ein 1. Klasse-Abteil vorhanden. Vom Fahrwerk ist nichts außer der Verkleidung zu sehen, abgesehen von den flach gebauten Drehgestellen mit großem Radabstand. Das Dach ist weitgehend glatt ausgeführt und trägt zum Wagenende hin einen Scherenstromabnehmer und elek-

Liliput H0: Stirnfront des Elektrotriebwagens 11 03.

trische Leitungen. Der b-Teil entspricht vom Äußeren her weitgehend dem a-Teil, hat aber nur Fahrgasträume mit einer einzigen seitlichen Einstiegstür sowie einen Führerstand. Auch der b-Teil hat am Wagenende (also zur Zugmitte hin) einen Scherenstromabnehmer und elektrische Leitungen auf dem Dach. Beide Wagen sind im damals für Triebwagen üblichen Rot lackiert und haben gelbe Zierstreifen unter der Dachkante und über dem Fahrwerk. Die zum Teil sehr kleine Beschriftung ist mehrfarbig lesbar aufgedruckt. Zur Zugmitte hinten ist der Zugname »Münchner-Kindl« zu sehen. Beide Wagen haben eine einfache Inneneinrichtung, aber dennoch wurden im Speiseabteil die Tische nicht vergessen. Das Drehgestell unter dem a-Teil-Führerstand ist auf beide Achsen angetrieben, während das hintere Drehgestelle beim Mittelleitermodell einen Schleifer hat. Die Drehgestelle des b-Teils sind antriebslos. aber mit Radschleifern versehen. Die Verbindung der beiden Wagenteile erfolgt mit einer vierpoligen Elektromittelkupplung, die leicht in die Kupplung des b-Teils einrastet. Die Wagentrennung erfolgt ganz einfach durch herunterdrücken einer Drucktaste an der a-Teil-Kupplung. Dem ET liegt ein Kunststoff-Kupplungsteil bei, mit dem der Zug gegebenenfalls auch in Doppeltraktion gefahren werden kann. Die Mittelleiterausführung besitzt einen ESU-LokPilot V3.0. In der Zweileiterausführung ist eine Digitalschnittstelle vorhanden. Unter dem a-Teil verdeckt eine aufschraubbare Klappe den Platz zum nachträglichen Einbau des

Liliput H0: Die Triebwagenmitte des ET 11 03 mit den beiden Stromabnehmern.

Lautsprecher einer Geräuschelektronik. Die Laufeigenschaften des Triebwagenzuges sind beispielhaft hervorragend. Mit leicht einstellbarer Geschwindigkeit rollt er fast flüsterleise über die Gleise, wobei sich das einschränkende »fast« nur auf das Geräusch des Mittelleiterschleifers bezieht.

Wie allen Liliput-Modellen liegt auch diesem ET eine informative Bedienungsanleitung, eine Ersatzteilliste und die ESU-Decoder-Betriebsanleitung bei.

Fazit: Gelungenes ET-Modell der Epoche III mit ausgezeichnet guten Laufeigenschaften. Was der ET mit Kleinbahnen zu tun hat? Überhaupt nichts! Aber wir denken, dass er als relativ kurzer Zug auch auf einer Nebenbahnanlage fahren könnte, zumal die Anhänger elektrifizierter Kleinbahnanlagen nun wirklich nicht mit Vorbildfahrzeugen gesegnet sind.

PIKO H0: Schräg- und Seitenansicht der WLE-Ellok 81.

WLE-Ellok 81 (H0; PIKO 57462)

Obgleich die Westfälische Landes-Eisenbahn im Gegensatz zu anderen Privatbahnen noch einen lebhaften Binnenverkehr auf den eigenen Strecken hat, so betätigt sie sich doch darüber hinaus als Eisenbahn-Verkehrs-Unternehmen (EVU). Dafür beschaffte sie u.a. von Siemens 2010 die Bo'Bo'-Mehrsystem-Drehstromellok WLE 81 (189 801).

Der rote Lokkasten des PIKO-Hobby-Modells mit dem WLE-Logo und den gerippten Seitenwänden hebt sich vom schwarzen Fahrwerk ab, das umfangreich in verschiedenen Schriftgrößen bedruckt ist. Hier wurde sogar das Siemens-Fabrikschild in Metall-Manier silberfarbig hinterlegt. Die Drehgestelle sind vor allem im Achslagerbereich gut nachgebildet. Trotz der am Fahrwerkrahmen angespritzten Aufstiege zu den Führerständen schwenken die Drehgestelle für den guten Bogenlauf ausreichend aus. Die Dachpartie mit den vier Einholmstromabnehmern und den zahlreichen Leitungen, Isolatoren und sonstigen elektrischen Installationen ist eine beeindruckende Detaillierungsorgie, angesichts der angesetzte Scheibenwischer an den Stirnfenstern kaum noch erwähnenswert sind. Der Antrieb erfolgt auf alle vier Achsen, wobei je ein Lokrad an jedem Drehgestell diagonal angeordnet einen Haftreifen besitzt. Durch das hohe Lokgewicht wird eine gute Zugkraft gewährleistet. Die Lok läuft ruck- und taumelfrei und dazu noch leise. In der Mittelschleiferausführung ist ein Uhlenbrock Hobby-Multiprotokolldecoder mit Lastregelung eingebaut. In der Zweileiterausführung ist eine Schnittstelle vorhanden. Vorbildlich wie immer bei PIKO ist die beigefügte

PIKO H0: *Die Dachpartie der WLE-Ellok 81.*

Bedienungsanleitung in Piktogrammform, die umfangreiche Ersatzteilliste und die Decoderanleitung nebst Tabelle der einstellbaren CVs.

Fazit: Aufwendig ausgeführtes Lokmodell mit guten Fahreigenschaften für Hanuller, die den Betrieb mit Loks der zahlreichen EVUs lieben.

ITL-Diesellok 118 002 (H0; PIKO 59362)

Die Großdieselloks der DR-Baureihe 118 wurde beim ehemaligen VEB Lokomotivbau »Karl Marx« in Babelsberg hergestellt. Sie wurden vier- und sechsachsig gebaut und hatten eine Leistung von 200 PS Leistung. Sie waren die größten in der DDR gebaute Dieselloks. Nach der Wende gelangte eine Reihe von Maschinen zu EVUs, wie beispielsweise die vierachsige 118 002 (ex DR 118 052) zur ITL-Eisenbahngesellschaft (ITL = Import Transport Logistik). Die 1998 gegründete ITL gehört seit 2008 zu 75 % der französischen Staatsbahn SNCF.

Das PIKO Modell hat einen beige-grünen Lok-kasten, ein hellgraues Dach und ein schwarzes Fahrwerk mit hellgrau lackierten Drehgestellen. Außer dem ITL-Logo ist die Beschriftung zwar vorbildgetreu aber eher spartanisch. Die Nachbildung aller Detail ist gelungen, was beispielsweise auf fein erodierte Lüftungsöffnungen zutrifft. PIKO beachtet auch Kleinigkeiten, wie beispielsweise die Besandungsrohre, die korrekt auf die Laufflächen der Räder ausgerichtet sind. Die Mitteleiterausführung des Modells ist mit einem Uhlenbrock Hobby-Multiprotokolldecoder ausgerüstet. Die Zweileiterloks haben eine Schnittstelle für den nachträg-

PIKO H0: *Diesellok 118 002 der ITL-Eisenbahngesellschaft,*

PIKO H0: Schrägansicht der vierachsigen ITL-Diesellok 118 002.

lichen Decodereinbau. Die Laufeigenschaft sind sehr gut. Das hohe Lokgewicht garantiert ausreichende Zugkraft.

Fazit: Feines Modell für alle Modellbahner, die auch einmal mit Privatbahnloks auf »Staatsbahnstrecken« Betrieb machen möchten.

Railion Nederland - Diesellok 6595 (H0; PIKO 59282)

Einige Zeit nachdem die Niederländische Staatsbahn (Nederlandse Spoorwegen/NS) ihren Güterverkehr als NS-Cargo ausgegliedert hatte entstand Railion durch Zusammenschluss von DB Cargo, NS-Cargo und DSB-Gods. Aus Railion Nederland wurde später DB Schenker Rail Nederland. Obgleich das der offizielle Name ist, findet sich an vielen in den Niederlanden betriebenen Loks noch immer der Name Railion. Von den 1989-1995 von MaK Kiel (heute Vossloh) für die NS gebauten 120 dieselelektrischen Loks der Reihe 6400 (MaK-Type G 1206) sind heute noch 74 Loks fast

überwiegend im Güterverkehr in Betrieb. Die übrigen Maschinen sind teilweise verliehen oder wegen Arbeitsmangel vorübergehend abgestellt. Die 6400er haben unterschiedliche Ausrüstungen für verschiedene Einsatzzwecke, so etwa für den Verkehr nach Belgien. Und beispielsweise sind u.a. die Loks 6486-6499 mit INDUSI ausgerüstet und können deshalb im grenzüberschreitenden Verkehr nach Deutschland laufen.

Von PIKO gibt es neu ein Modell der Lok 6495 in der sogenannten Expert-Ausführung. Das Lokgehäuse mit dem asymmetrisch von der

PIKO H0: Railion Nederland-Diesellok 6595.

PIKO H0: Railion Nederland-Diesellok 6495 - eine elegante Lokomotive als perfektes Expert-Modell.

Lokmitte weg angeordneten Führerhaus (mit angedeuteter Inneneinrichtung) zeigt auf der Oberseite zwei kreisrunde und seitlich mehrere rechteckige Lüfteröffnungen. Das Mittelteil des langen Vorbaus kann (beim Vorbild) für den ungehinderten Zugang zum Motor geöffnet werden. Alle diese Details sind plastisch perfekt herausgearbeitet, was auch für die Drehgestellrahmen zutrifft.

Zwischen den Drehgestellen ist der Dieseltank angebracht, in dem von unten der Lautsprecher einer Geräuschelektronik montiert werden kann. Die Laufstege neben den Aufbauten auf dem Fahrwerk sind mit soliden Metallge-ländern geschützt. Die Lok ist makellos lackiert, und die Beschriftungen sind sauber aufgedruckt. Die Geschwindigkeit der Lok ist fein einstellbar, und die Laufqualitäten sind insgesamt gut und leise. In die Mittelleiterversion ist ein Uhlenbrock Hobby-Decoder eingebaut. In der Zweileiterausführung ist eine Schnittstelle für den nachträglichen Decodereinbau vorhanden.

Fazit: Sehr schönes Modell nach Vorbild einer modernen Diesellok. Im Rahmen des zunehmenden grenzüberschreitenden Verkehrs von Loks und Zügen ist die Lok auch auf hiesigen Anlegen gut einsetzbar.

RAG-Diesellok 831 (N; PIKO 40401)

1913 als Königliche Zechenbahn gegründet, wurde sie nach verschiedenen Umfirmierungen 2004 zur RAG Bahn und Hafen GmbH, um dann 2005 in der DB Schenker Rail AG aufzugehen und schließlich zur heutigen RBH Logistics GmbH zu werden.

Bleiben wir bei RAG (ursprünglich Ruhr-Kohle AG) und bei der Firma PIKO, die nun den Einstieg in die N-Größe vollzogen hat, zwar zunächst mit einem beachtlichen Programm an Modellen nach französischem Vorbild, aber auch schon mit deutschen Modellen. Der dreiteilige elektrische Triebwagenzug TALENT ist angekündigt, und die MaK-Diesellok vom Typ G 1206 gibt es bereits in drei EVU-Versionen: EH-Duisburg, Infraleuna und RAG Hafen und Bahn. Sie hat sehr fein ausgeführte Aufbauten, wozu alle Klappen und Abdeckungen und nicht zuletzt die beiden oben liegenden Lüfteröffnungen gehören, die siebartig durchbrochen sind und einen Blick auf die Ventilatorblätter zulassen - unglaublich in N ! Das rundum verglaste Führerhaus hat einen freien Durchblick. Auf dem Dach sieht man angespritzte Teile wie Signalhorn und Funkantenne. Der Auspuff steht seitlich versetzt vor dem Führerhaus, was das große Stirnfenster mit Scheibenwischerimitation sichtbar werden lässt. Die rund um die Lok laufenden Schutzgeländer sind aus Metall und damit ziemlich unempfindlich gegen Bruch. Beim Blick auf das Fahrwerk dominieren die für N sehr plastisch gravierten Drehgestellblenden und der große Betriebsstofftank in Lokmitte. Die Lackierung ist makellos, eben-

PIKO N: RAG-Diesellok 831 bedient mit Selbstentladewagen ein Schotterwerk.

so der Aufdruck von Zierstreifen, Bahnlogo, zweifarbigem Fabrikschild und umfangreicher, mehrfarbiger (!) und lesbarer (!) Beschriftung am Tank.

Und nun kommt es: Sagenhafte Laufeigenschaften, von denen sich manch anderes Fabrikat eine Scheibe abschneiden kann. Die Lok rollt gefühlvoll einstellbar und »federleicht«

über das Gleis. Sie hat eine Schnittstelle zum nachträglichen Einbau eines Decoders. Eine Bedienungsanleitung in Form von Explosionszeichnungen mit Ersatzteilliste ist beigefügt.

Fazit: Großartiges N-Modell einer modernen Privatbahn-Diesellok mit sagenhaft guten Laufeigenschaften, wahrlich von PIKO ein fulminanter Einstieg in die Nenngröße N !

PIKO N: Schrägansicht der RAG-Diesellok 831.

PIKO N: Zwei verschiedene Ansichten der perfekt nachgebildeten RAG-Diesellok 831.

Eilzugwagen (H0, Liliput)

Die Deutsche Reichsbahn Gesellschaft (DRG) beschaffte von 1930 bis 1932 von mehreren Waggonbaufirmen vierachsige Durchgangswagen mit Doppeltüren an den Wagenenden und Drehgestellen Görlitz leicht. Einige Wagen waren noch bei der DB im Einsatz, und diese hat Liliput als Vorbild für verschiedene Modelle genommen.

AByse 618 (Liliput L328701)

Der 1./2. Klasse-Wagen hat am Wagenteil der ersten Klasse große Fenster und am einge-zogenen Wagenende nur eine Einstiegstür, während an der Wagenhälfte mit der 2. Klasse kleinere Fenster und am eingezogenen Wagenende zwei Einstiegstüren vorhanden sind. An den Stirnseiten sind Imitationen eingezogener Faltenbalgen vorhanden. Sowohl ausgezogene Faltenbalgen als auch eine ganze Reihe von sonstigen Zurüstteilen liegen lose bei. Die Drehgestelle weisen ein feine Gravur auf. Die Modelle verfügen über eine einfache Inneneinrichtung. Die Rolleigenschaften des

Liliput H0: Eilzugwagen 1./2. Klasse (oben), 2. Klasse (Mitte) und PwPost 4ü (unten).

Wagens sind sehr gut. Am Wagenkasten ist die genietete Bauart nachgebildet. Die Lackierung ist sehr gut ausgeführt. Auch die Beschriftung ist ordentlich aufgedruckt, wobei die Anschriften am Rahmen wegen ihres Umfangs lobend erwähnt sein sollen.

Bye 655 (Liliput L328501 und L 328601)

Es gibt bei Liliput auch zwei 2. Klasse-Eilzugwagen, die sich abgesehen von den unterschiedlichen Betriebsnummer gleichen. Abgesehen davon, dass sie an beiden Wagenenden Einstiege mit zwei Türen sowie eine einheitliche Größe der Fenster haben, entsprechen sie ansonsten dem 1./2. Klasse-Wagen.

Fazit: Nicht zu lange vierachsige Reisezugwagen in sehr guter Modellausführung, die wie geschaffen für eingleisige Neben- und Kleinbahnstrecken sind.

Pw Post 4ü (H0; Liliput L329351)

Die DRG beschaffte 1928 eine kleine Serie von vierachsigen kombinierten Post/Gepäckwagen, von denen einige modernisiert noch bei der DB im Einsatz waren.

Das Liliput-Modell entspricht der Ausführung zur DB-Zeit und passt gut zu den Eilzugwagen. Die Posthälfte des Wagens hat am eingezogenen Wagenende eine Einstiegstür und an den Seiten zwei zweiflüglige Ladetüren, deren Fenster eine Gitterimitation haben, was auch für ein weiter vorhandenes normales Fenster zutrifft. Über dem Postteil hat das Dach einen Oberlichtaufsatz. Die Gepäckwagenhälfte hat ebenfalls eine Einstiegstür am eingezogenen Wagenende , zwei vergitterte Fenster und eine große Laderaum-Schiebetür. Auf einer Wagenseite sind noch zwei weiß hinterlegte Toiletten-

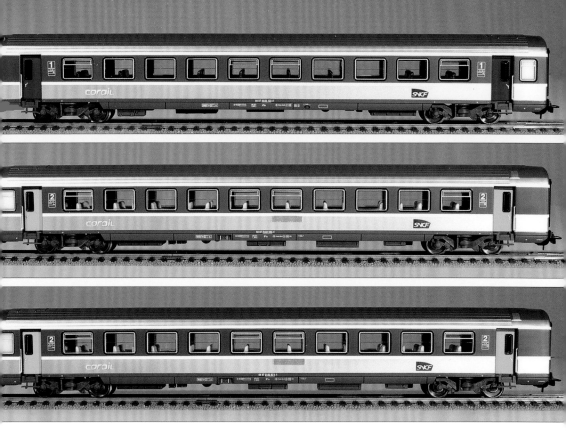

PIKo H0: *Corail-Wagen 1. Klasse (oben) und 2. Klasse (darunter) in einer Dreiwagenpackung.*

fenster vorhanden. Eine ursprünglich auf dem Dach vorhandene Beobachtungskanzel wurde später entfernt und ist auch am Modell nicht mehr vorhanden. Lackierung und Beschriftung (die Türgriffe sind messingfarben hervorgehoben) sind einwandfrei.

Fazit: Schon vom Äußeren her ein besonders beeindruckendes Modell.

SNCF-Corail-Großraumwagen (H0; PIKO Expert 58635)

Die französische Staatsbahn SNCF beschaffte zwischen 1975 und 1984 sogenannte Corail-Großraumwagen (Corail = Kunstwort aus Comfort sur Rail = Komfort auf Schienen) für den Fernreiseverkehr. Sie waren überall in Frankreich im 160 bis 200 km/h schnellen Fernverkehr eingesetzt, und kommen auch vielfach in das benachbarte Ausland, beispielsweise nach Belgien. Zeitweilig waren sie auch in Deutschland anzutreffen. Heute werden die Wagen vorwiegend im Regional-Express-Verkehr eingesetzt. Die neueren Wagen haben die Typenbezeichnung VTU (Voiture tourisme universelle = Einheitsreisezugwagen).

Von genau diesen VTU hat PIKO jetzt einen Dreierset H0-Modelle ausgeliefert. Ein 1. Klas-se- und zwei 2. Klasse-Wagen in ihren Einzelschachteln werden zusammen in einem Einwickler aus Pappe angeboten. Die Wagenkästen sind exzellent nachgebildet und vorbildlich in graphitgrau/silber mit weißen Zierstreifen lackiert. Die Beschriftung ist makellos. Die Fenster haben imitierte Metallrahmen. Die Einstiegstüren sind etwas zur Wagenmitte hin versetzt, weil direkt an den Stirnseiten die Toiletten liegen. Die beiden Wagenklassen sind auch entsprechend den TGV-Triebwagenzügen an der Farbe der Türen zu erkennen: Rot = 1. Klasse und türkis = 2. Klasse. An den Stirnseiten sind die Gummiwulstübergänge sowie die (nicht beleuchteten) Schlussleuchten angebracht. Die SNCF-Y 32-Drehgestelle sind tief

PIKO H0: Bahnpostwagen Bpw b/8,5.

Liliput (H0): Pferdetransportwagen.

graviert ausgeführt. Klaglose Rolleigenschaften. Lobend sollte doch einmal die perfekte PIKO-Innenverpackung auch von Waggons erwähnt werden, die aus Plastikklarsichtschale und Deckel besteht.

Fazit: Wir hatten in ZSB 22 Seite 87 eine moderne Ellok der SNCF-Reihe 26000, vorgestellt für die nun auch die entsprechenden Corai-Wagen verfügbar sind. Diese französischen Züge sieht man auch im uns benachbarten Belgien, wo sie einträchtig mit SNCB-Zügen und solchen von privaten Eisenbahnunternehmen im bunten Mix anzutreffen sind, was natürlich ein Anreiz für Modellbahner mit Neigung für die modernen Traktionsarten ist.

Bahnpostwagen
(H0; PIKO 54595)

Als Vorbild für das zweiachsige Postwagenmodell diente der Bpw b/8,5 »Regensburg 14677« der ehemaligen Deutschen Reichspost. Er entspricht einer bayerischen Bauart von Anfang der 1930er Jahre.

Das nur 120 mm lange PIKO-Modell hat einen Wagenkasten mit dem für damalige Personenzüge typischen dunkelgrünen Anstrich. An den Seitenwänden sind zwei doppelflüglige Ladetüren (davon je eine Türhälfte mit Fenster) sowie drei Fenster vorhanden, an einer Seite zusätzlich ein Toilettenfenster. Die Fenster haben teilweise eine imitierte Vergitterung. An einem Wagenende ist eine Bremserbühne vorhanden, die früher einmal Übergangsbühne war, was an der Stirnfront die Verblechung einer früheren Tür erkennen lässt. Die goldfarbene, weiße und schwarze Beschriftung ist auch auf dem Briefeinwurfschlitz lupenrein aufgedruckt. An allen oberen vier Wagenecken sind Schlussscheibenhalter angebracht. Das in einem dunkelsilbernen Farbton gehaltene Dach

hat Lüfter für den Innenraum, die Toilette sowie solche für die früher übliche Gasbeleuchtung. Das schwarze Fahrwerk wirkt durch die sichtbaren Enden der zahlreichen Bodenquerträger sehr plastisch. In den so entstehenden Vertiefungen ist die Beschriftung vollständig vorhanden. Zu den Ladetüren und zur Bremserbühne führen zierliche Trittstufen hinauf. Unter dem Kessel sind WC-Entleerungsrohr und der Gaskessel für die Innenbeleuchtung angebracht.

Fazit: Sehr fein ausgeführtes Postwagenmodell, das für Lokalbahnen (und Kleinbahnen) durch seine kurze Baulänge wie geschaffen ist.

Pferdetransportwagen
(H0; Liliput L235434

Die Königlich Preußische Eisenbahn Verwaltung (KPEV) ließ ab 1907 einige dreiachsige Pferdetransportwagen bauen, die zum Teil noch als Gvwehs 04 bei der DB im Einsatz waren. Sie dienten vor allem dem Transport hochwertiger Sport- und Zuchttiere.

Der Wagenkasten des Liliput-Modells zeigt

PIKO H0: Knickkesselwagen algeco (oben) und Brennstoffe Siess (unten).

PIKO H0: Das perfekte Beschriftungsfeld am Siess-Knickkesselwagen.

an den Seitenwänden vorbildgetreu die beiden Pferdeboxentüren, deren Oberteile (beim Vorbild) seitlich geöffnet wurden, während die Unterteile herunter geklappt wurden und so gleichzeitig als Übergang zur Laderampe dienten. Zwischen den beiden Boxen ist in der Wagenmitte das Begleiterabteil vorhanden. Das Dach hat einen Oberlichtaufsatz mit fünf Lüftern auf jeder Seite, der bis über das hoch

liegende Bremserhaus hinausragt. Neben den drei zum Bremserhaus hinauf führenden Stufen ist ein Handlauf angebracht, der stabil aus dünnem Stahldraht ausgeführt ist. Über die ganze Wagenlänge ist seitlich ein Trittbrett angebracht. Lackierung und Beschriftung, auch am Fahrwerklängsträger, sind sauber aufgedruckt. Die mittlere Achse des Modells ist seitlich verschiebbar, was gute Kurvenläufigkeit auch auf engen Nebenbahnradien ergibt.

Fazit: Interessante Sonderbauart eines Güterwagens, der bei einer ländlichen Kleinbahn-Anlage gut auf das Anschlussgleis eines Pferdegestüts passt.

Kesselwagen Algeco (H0; PIKO 54910)
Kesselwagen Schiees (H0; PIKO 54919)

Das Vorbild dieser Modelle sind Kesselwagen mit 85 m³ Fassungsvermögen. Sie werden heute von zahlreichen Besitzern wie Waggonverleihern und von verschiedenen Firmen im Eigenverkehr eingesetzt.

Einer der beiden Waggons hat einen grauen Kessel mit schwarzer Bauchbinde und dem

Auhagen (H0): Der fertige Rohbau der Fabrik. Die darunter liegende Pappe ist eine Montagehilfe.

Firmenzeichen von Algeco, einem Pariser Waggon- und Tankcontainerverleiher.

Der andere Wagen mit dunkelblau lackiertem Kessel und schmaler, weißer Bauchbinde gehört der Firma Siees aus Bludenz in Vorarlberg (Österreich). Siees ist ein reiner Familienbetrieb, der sich mit Brennstoffhandel befasst und mehrere dieser Kesselwagen einsetzt.

PIKO hat auf die Ausführung dieser H0-Wagen große Sorgfalt verwendet. Der Knickkessel mit Laufsteg und Einfüllöffnung und Entlüftern ruht auf einem schmalen, aus zwei Längsträgern bestehenden Metallfahrwerk, was durch den tiefen Schwerpunkt den vierachsigen Drehgestellwaggons beeindruckende Rolleigenschaften verleiht. Armaturen und Gestänge sind filigran ausgeführt. Bemerkenswert sind die Beschriftungsfelder der Wagen, die mehrfarbig und gestochen scharf bedruckt worden sind. An den verschiedenen Wagen ist die Beschriftung darauf vorbildgetreu unterschiedlich ausgeführt worden.

Fazit: Sehr schöne, moderne Kesselwagen, deren Fahrgeräusch auch ohne Geräuschelektronik bereits vorbildlich perfekt ist.

Werktor (H0; Auhagen 11421)
Werkhalle (H0; Auhagen 11422)
Produktionsgebäude (H0; Auhagen 11422)

Die abgebildete Fabrik entstand aus einem 2010 ausgelieferten Gesamtbausatz. Heute kann sie aus den o.a. Einzelbausätzen zusammengebaut werden. Basis für das Bauwerk ist eine völlig neue Projektgruppe von Auhagen, zu der nicht nur Komplettbausätze sondern vor allem eine Fülle von Bauteilesätzen gehören, die alle nur erdenkliche Einzelteile für den individuellen Bau von Gewerbebauten enthalten.

Die Montage der in einem Winkel mit großem, offenen Innenhof gestalteten Fabrikanlage bereitet vom Prinzip her keine Probleme, denn die Teile sind passgenau konstruiert und gefertigt. Die Hauswände bestehen aus einzelnen zweifenstrigen Wandteilen, die durch außen aufzuklebende Mauerstützen zu einer längeren Wand zusammengefügt werden. Diese zunächst wackligen Langwände bleiben am besten über Nacht gut flach liegen, damit der Kleber aushärten kann, und die Wände die

Auhagen H0: *Blick in den überdachten Fabrikhof.*

zum Weiterbau notwendige Stabilität erlangen. Auch die Ecken der zusammengefügten Wände werden durch Winkelmauerstützen verstärkt. Da die beiden Gebäudeteile nicht rechtwinklig ausgeführt sind, muss man beim Aufsetzen der entsprechenden Mauereckstützen genau nach Bauanleitung vorgehen, denn die Teile haben verschiedene Winkel. Sind die beiden Gebäudeteile im Rohbau fertig, werden sie durch die vier über den Fabrikhof ragenden Träger verbunden. Gleichzeitig muss das in eine Werkhallenmauer eingefügte und weit über die Fabrikeinfahrt ragende Werktor zusätzlich mit dem Produktionsgebäude ver-

bunden werden. Hier könnte man vier Hände gebrauchen. Danach werden die Dächer auf die beiden Gebäude gesetzt, und zum Schluss kann das Dach über dem Fabrikhof eingefügt werden.

Fazit: Jeder, der diese Fabrik bauen will, sollte schon einige Erfahrungen im Plastikmodellbau haben. Hat man aber ab und zu und vor allem zur genauen Auswahl wichtiger Teile öfter einmal in die Bedienungsanleitung bez. auf die Teileabbildungen geblickt und sauber gearbeitet, dann kann man sich über eine wirklich außergewöhnlich gestaltete ältere Fabrikanlage freuen.

Auhagen H0: *Fassade vom Fabrikgebäude.*

Auhagen H0: *Fabriktor.*

Wolfgang Zeunert

Intellibox II

von Uhlenbrock Elektronik

Nachdem man den Strom für den Trafo an der Steckdosenleiste eingeschaltet hat, leuchtet an der Intellibox II das 98x42 mm große, mit Hintergrundbeleuchtung versehene helle und auch von der Seite her gut ablesbare Display auf. Nach kurzer Zeit wird eine Schaltpultdarstellung sichtbar, die bei einem neuen Gerät entsprechend eines vom Hersteller gespeicherten Musterbahnhofs aus vielen unterschiedlichen Symbolen für Signale, Weichen, Beleuchtungen und dergleichen mehr besteht. Nun gut, das wird man später ergründen.

Zunächst einmal wird wie gewohnt die Loktaste gedrückt, die Lokadresse auf dem numerischen Tastenfeld eingeben und mit Enter bestätigt. Dann wird mit der Taste f0 die Stirnbeleuchtung der Lok eingeschaltet, der Drehknopf aufgedreht und die Lok setzt sich in Bewegung. Sehr schön, das geht wie mt den Intellibox-Vorgängerzentralen. Allerdings kann man die Geschwindigkeitsanzeige jetzt statt in Fahrstufen auch in km/h anzeigen lassen. Ein Laufbalken gibt eine zusätzliche Information.

Die Lok wird wieder angehalten, und die Stirnbeleuchtung soll ausgeschaltet werden, aber wie? Es gibt keine off-Taste mehr. Mutig noch einmal f0 gedrückt, und das Licht der Loklampen erlischt. Nun ahnt man, dass die Intellibox II wirklich ein neues Gerät ist, bei der verschiedene Funktionen erforscht werden wollen.

Aber keine Sorge, denn bisherige Intellibox-Besitzer finden viel Vertrautes vor, und auch neue Intellibox-Benutzer werden sich schnell einarbeiten, denn die nun schon über ein Jahrzehnt lang bewährte einfache Bedienbarkeit aller Intelliboxen wurde beibehalten.

Auch das Gerät an sich bietet das vertraute Äußere. Die platzsparende Geräteform ähnelt manchen bisher bekannten analogen Reglertrafos und entspricht in ihrer Größe den Vorgängermodellen, das heißt nicht ganz, denn durch die »cool power«-Technologie hat sie an der Rückseite keinen Kühlkörper mehr. Man

mag es kaum glauben, aber in dem kleinen Gerät sind Zentraleinheit, Booster, Interface, zwei Fahrregler, Magnetartikelschaltpult, Programmer, Fahrstraßenschalter, Modellzeituhr und der LISSY-Modus (Lok-individuelles Steuerungssystem) untergebracht. Die IB II ist also eine komplette digitale Modellbahnsteuerung in einem Gerät.

Die Firma Uhlenbrock hat glücklicherweise die Bedienung nicht auf einen Berührungsdisplay (touchscreen) umgestellt, sondern ist der sicher und blind ausführbaren Tastenbedienung treu geblieben. Die Tatscherei auf kleinen Monitoren ist zur Bedienung von komplexen Funktionen, wie sie eine digitale Modellbahnsteuerung erfordert, wirklich kein Vergnügen.

Um das Display herum, das ausschließlich der Anzeige dient, sind mehrere Bedienungstasten angeordnet. Zwischen den beiden Fahrdrehreglern liegt unverändert das bewährte numerische 16-Tasten-Stellpult.

Auf der Rückseite der Intellibox II befinden sich die zahlreichen Anschlussmöglichkeiten. Der sechsfache Anschlussstecker für Trafo, Probiergleis und Gleisanlage wurde erfreulicherweise auf Schraubklemmen umgestellt. Ein neuer USB-Anschluss ermöglicht die Verbindung mit einem Computer zur Anlagenbedienung durch einen Rechner oder für Updates der Intellibox II, wofür vorher von einer beiliegenden CD die Windows-Treiber auf dem Rechner installiert werden müssen.

Nachfolgend soll keine Bedienungsanleitung nachgedruckt werden, denn eine solche liegt der Intellibox II als Buch mit 170 Seiten Umfang bei. Aber Aufsteiger von älteren Intelliboxen und vor allen Neukäufer sollen doch etwas erfahren, wie einfach das Gerät zu bedienen ist und was es Neues gibt.

Das Aufrufen einer Lok, mit der man fahren möchte, beginnt mit dem Drücken der Lokauswahltaste. Nach Eingabe ihrer Adresse ist die Lok fahrbereit. Aber mit dem Drücken der

Das hell leuchtende Display der Intellibox II zeigt die Lokdatenbank eines Kleinbahnfreundes.

Loktaste öffnet sich auch die Liste einer Lok-datenbank, die individuell angelegt werden kann. Die Datenbank hat den Vorteil, dass nach Baureihe (z.B. V 200 010), nach Bahnge-sellschaft (z.B. OHE-Lok) oder wie man eine Lok sonst bezeichnet hat, die Lokauswahl erleich-tert wird. Die Texteingabe bei der Einrichtung erfolgt im Menu »Lokdatenbank ändern« über den numerischen Tastenblock, dessen Tasten mehrfach (Ziffern, Groß- und Kleinbuchsta-ben) belegt sind. Es funktioniert also durch mehrfaches Drücken einer Taste wie mit der Tastatur eines Mobiltelefons. Ist die Lokdaten-bank angelegt, kann man in ihr mit den beiden Pfeiltasten rechts und links neben dem Moni-tor in der Datenbank scrollen und letztlich die gewünschte Lok durch Drücken der entspre-chenden Taste neben der Anzeige im Monitor anwählen. Die Lokdatenbank ist jederzeit zu ändern. Mit den beiden Fahrreglern können unabhängig voneinander zwei Loks getrennt eingestellt gefahren werden. Die Fahrregler sind umstellbar vom AC-Fahrregler-Modus (mit Fahrtrichtungswechsel durch Drücken des Reglerknopfes) in den DC-Fahrregler-Modus (mit Vorwärts- oder Rückwerksregelung über nicht rastenden Nullpunkt). Der AC-Modus ist praktischer, weil blind ohne Blick auf das Gerät zu betätigen.

Um die beiden Fahrregler herum liegen fünf Funktionstasten (f0-f4), mit denen die Lok- und Wagenbeleuchtung ein- und ausgeschaltet wird, mit denen an Loks eventuell vorhandene Fernentkuppler ausgelöst werden und die der Betätigung anderer in den Lokdecodern ein-gebauten Besonderheiten (Rauch, Geräusch usw.) dienen. Da die Lokdecoder zunehmend mit allem möglichen Zusatzfunktionen überfrachtet werden, kann die größere Auswahl f0 bis f28 (f = function = Funktion) mit Tasten neben dem linken und rechten Monitorrand vorgenommen werden.

Voraussetzung für die digitale Steuerung einer Modellbahn ist, dass die Loks mit einem Decoder ausgerüstet sind. Die Hersteller fast aller neuen Loks mit Mittelleiter werden heute bereits ab Werk mit eingebauten Decodern geliefert, weil Märklin als größter Mittelleitergleis-Hersteller das so macht. Neue Zweileitergleisloks haben überwiegend nur eine Schnittstelle, an die aber leicht nachträglich ein Decoder angesteckt werden kann. Fachwerkstätten und technisch versierte Modellbahner können auch in ältere analoge Loks nachträglich Decoder einbauen.

Außer dem Fahren sind im Digitalbetrieb vor allem zwei Dinge wichtig: Programmieren der Lokdecoder und Einrichtung eines Stellpults für Weichen, Signale und dergleichen. Hierfür dienen die am äußeren rechten Rand der Intellibox II angeordneten fünf Tasten. Mit den Stopp- und Go-Tasten wird die Fahrspannung zu- bez. abgeschaltet. Eine Hilfetaste (help) bringt knappe Erläuterungen auf den Bildschirm zu dem, was man gerade tut. Mit der Mode- und der Menu-Taste können alle gewünschten Einstellungsmöglichkeiten aufgerufen werden.

Drückt man die Mode-Taste, erscheint eine Auswahl von Menus, die man mit den Tasten neben dem Monitor anwählen kann. Mit der Menu-Taste können Einstelloptionen aus dem aktuellen Gerätemodus wahrgenommen werden, außerdem kommt man damit aus jedem Untermenu wieder in den Fahrmodus zurück.

Die Intellibox II ist eine Multiprotokoll-Zentrale. Mit ihr kann man Betrieb machen mit den Digitalsystemen Motorola (Märklin), DCC (der Rest der Welt) oder Scalectrix (von TRIX aus der Anfangszeit digitaler Steuerungen).

Vielfach wird heute das Programmieren von Lokdecodern auf der Anlage propagiert, aber wer keine bösen Überraschungen erleben will sollte sich ein Programmiergleis anlegen. Das braucht nur ein kurzes Gleisstück zu sein, das elektrisch komplett von der Anlage getrennt

Grundeinstellungen - von hier geht es los!

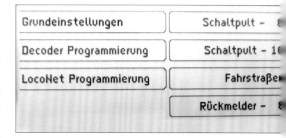

Die zweite Ebene führt zum Programmieren.

sein muss, und auf das die zu programmierende Lok gestellt wird. Die Intellibox II bietet für das Programmiergleis einen separaten Anschluss.

Beim Begriff »Programmieren« schreckt mancher Analogfahrer erst einmal zusammen.

Mit der Loktaste aufgerufene Lokdatenbank

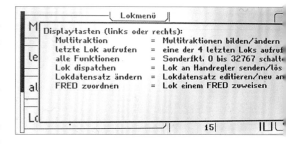

Das Help-Menu hilft im Zweifelsfall weiter..

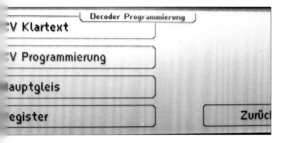

Auswahl wie und wo programmieren.

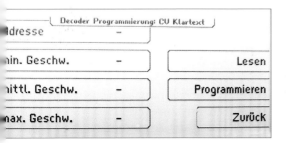

Klartextprogrammierung.

Aber keine Bange, denn es geht praktisch nur um die Änderung der Einstellung von CV (configuration variabel), also den veränderbaren Eigenschaften der Decoder. Jedem Decoder liegt eine Liste der jeweils für ihn gültigen CV bei. Die wichtigsten CV sind ohnehin genormt

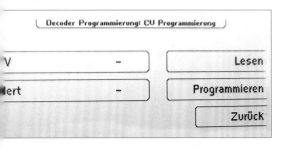

CV-Programmierung.

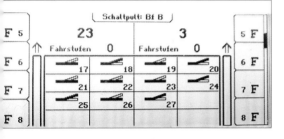

Stellpult für einen Bahnhof.

und bei allen Decodern gleich. Kommen wir gleich einmal zu den zwei wichtigsten CV-Einstellungsarbeiten, mit denen jeder Digitalfahrer gleich in der ersten Zeit in Berührung kommt.

1) Lokdecoder sind von Haus aus meist auf die Adresse 3 eingestellt. Alle Loks auf einer Anlage mit der Adresse 3 zu fahren ist natürlich nicht möglich, weswegen eine Adressenänderung angesagt ist. An der Intellibox II geht das im Klartextmodus auf dem Monitor nacheinander so: Mode > Decoderprogrammierung > DCC > CV Klartext. Nun erscheint ein Menu mit den wichtigsten CV. Weiter mit > Adresse (dort gewünschte Adresse mit der numerischen Tastatur eingeben) > Enter (im numerischen Ziffernblock dritte Reihe ganz rechts) > Programmieren (Taste neben dem Monitor drücken) und zurück in den Fahrmodus. Die Lok kann jetzt mit der neuen Adreßnummer gefahren werden. Für komfortables Fahren kann man dann noch die Einstellungen wie Anfahr- und Bremsverzögerung (wer viel rangiert braucht keinen langen Auslauf der Lok) ändern sowie gegebenenfalls die Festlegung der Höchstgeschwindigkeit vornehmen. Das erfreut Leute die dem Lokvorbild entsprechend gern nur maximal schnell fahren wollen. Für Letztere ist auch noch die neue und verschieden einstellbare digitale Modellzeituhr interessant.

Die IB II ermöglicht auch die Mehrfachtraktion von bis zu vier Loks vor einem Zug unter der Adresse der vorausfahrenden Lok.

Die Klartextprogrammierung der Intellibox II ist ein echter Fortschritt. Uhlenbrock setzt da aber noch etwas ´drauf: Wer eine Lok auf das Programmiergleis stellt, kann im Menu CV-Klartext die Taste »Lesen« betätigen. Nach einem Augenblick hat die Intellibox II alle CV der auf dem Probiergleis stehenden Lok ausgelesen und angezeigt, die dann gegebenenfalls verändert werden können.

Natürlich bietet die IB II auch die Möglichkeit der reinen CV-Programmierung, mit der alle verfügbaren CV eines Decoders eingestellt werden können.

Mit der IB II programmierbar und gleichzeitig steuerbar sind Lok-, Funktions-, Weichen- und Schaltdecoder im Märklin-Motorola-, DCC- und Scalectrix-Datenformat.

2) Praktisch ist das digitale Schalten von Weichen, Signalen und anderen Magnetartikeln sowie Beleuchtungen aller Art. Auch hier ist Voraussetzung, dass jede Weiche usw. an einen Schaltdecoder angeschlossen ist. Mit der Intellibox II kann man sich Stellpulte mit 8 oder 16 Magnetartikeln zusammenstellen, die jeweils mit der Taste »Menu« aufgerufen und mit einer der Tasten neben dem Monitor aus der dort sichtbaren Liste der vorhandenen Stellpulte ausgewählt werden können. Man kann so beispielsweise für jeden Bahnhof ein eigenes Stellpult anlegen. Die Position der auf dem Monitor angezeigten Magnetartikel entspricht der Anordnung der Tasten im numerischen Tastenfeld. Bei Weichen wird auf dem Monitor optisch die Stellung geradeaus oder abzweigend dargestellt. Für alle Magnetartikel können die entsprechenden Symbole ausgewählt werden. Die Umschaltung der Objekte erfolgt durch wiederholtes Betätigen der gleichen Taste. Das ist eine kleine Umgewöhnung für die Modellbahner, die es bisher gewohnt sind für Geradeausfahrt die grüne Taste (grün = gerade) oder für abzweigende Fahrt die rote Taste (rot = rund) zu drücken.

Selbstverständlich ist auch die Möglichkeit zur Konfiguration von Fahrstraßen gegeben. Dabei können bis zu 80 Fahrstrassen mit je bis zu 24 Schaltvorgängen gespeichert werden. Auch die Konfiguration der Weichenstrassen ist mit auf dem Monitor sichtbaren Klartext möglich.

An die Intellibox II können digitale Drucktasten-Stellpulte (wie das Uhlenbrock Track-Control) angeschlossen werden. Aber auch schon vorhandene analoge Drucktasten-Stellpulte können weiter verwendet werden, wenn sie über ein oder mehrere separat erhältliche Uhlenbrock Switch-Control an die IB II über das LocoNet angeschlossen werden.

Der maximale Ausgangsstrom der Intellibox II beträgt 3,5 A und ist gegen Überlastung und Kurzschluss gesichert. Für Heimanlagen reicht das zunächst aus. Der Strombedarf steigt aber

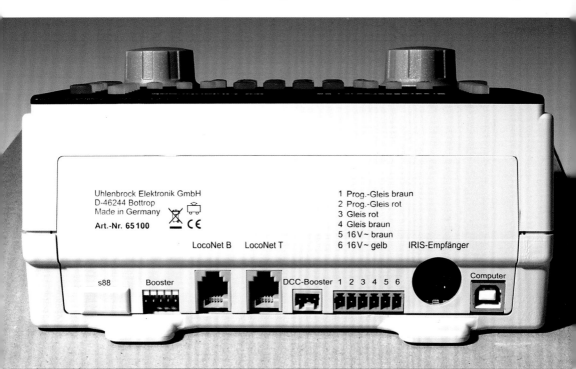

Die Rückseite der Intellibox II mit den Anschlussmöglichkeiten (von links) s88-Rückmelder (abgedeckt), Märklin-Booster, Loconet B (z.B. für Loconet-Booster und andere Loconet-Komponenten), Loconet T (für alle Loconet-Komponenten), DCC-Booster, 1-2 Programmiergleis, 3-4 Gleisanschluss und 5-6 Trafoanschluss, Intellibox-Infrarot-Steuerungsgeräte und USB-Anschluss.

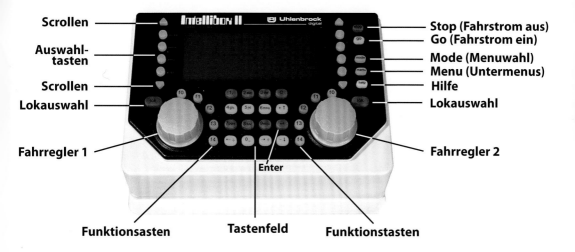

Scrollen — Stop (Fahrstrom aus)
Go (Fahrstrom ein)
Auswahl-tasten — Mode (Menuwahl)
Menu (Untermenus)
Scrollen — Hilfe
Lokauswahl — Lokauswahl
Fahrregler 1 — Fahrregler 2
Enter
Funktionsasten — Tastenfeld — Funktionstasten

Bedienungselemente der Intellibox II.

mit größer werdenden Gleisanlagen, mit automatischem Zugbetrieb, beleuchteten Zügen und vielem elektrischen Zubehör. In diesem Fall kommt ein zusätzlicher, externer Booster (Stromverstärker) mit eigenem Trafo zum Einsatz. Der »Booster 4« von Uhlenbrock wird dann über das LocoNet mit der Intellibox II verbunden und schafft so Abhilfe nach Aufteilen der Gleisanlage in Abschnitte und/oder die Unterteilung der sonstigen Verbraucher in verschiedene Versorgungsbereiche.

Das von Uhlenbrock verwendete LocoNet, oder besser gesagt der LocoNet-Bus ist eine von der Intellibox II ausgehende bewährte Verkabelung mit Steuer- und Bediengeräten, Rückmeldern und Schaltmodulen. An das LocoNet können alle Zusatzgeräte auch von Fremdherstellern angeschlossen werden, sofern sie LocoNet verstehen.

Eine Entscheidung für die Intellibox II ist vor allem deshalb sehr interessant, weil Uhlenbrock zusätzlich eine Fülle von Zubehör anbietet wie Handregler (FRED oder DAISY mit Kabelanschluss an die IB II oder IRIS mit Infrarot-Steuerung), Gleisbildstellpult Track-Control, das Magnetartikelstellpult IB-Switch mit Fahrstraßensteuerung, verschiedene Schaltdecoder, Signalbausteine, Digital-Motore, Servodecoder ohne und mit Schaltausgang (für Herzstückpolarisierung), Servos, Trafos und Booster verschiedener Leistungsstärken, die IntelliLight-Modellbahnbeleuchtung, zahlrei-

che Lokdecoder und nicht zuletzt das LISSY-Loksteuerungssystem für Rückmeldungen, das auch nachträglich in jede bestehende Anlage installiert werden kann. Das LocoNet stellt für alle Artikel die allumfassende Verbindung zur Verfügung.

Die Firma Uhlenbrock ist ein Pionier der digitalen Mehrzugsteuerung. Sie stellt mit langjähriger Erfahrung die Unterstützung des Fahrens auf einer Modellbahn in den Mittelpunkt ihrer Entwicklungen. Aber auch diejenigen, die sich über die eigentliche Beschäftigung mit der Modellbahn hinaus mit weiter gehenden Möglichkeiten der Digitaltechnik beschäftigen möchten, liegen mit einer Intellibox II richtig. Das serienmäßig eingebaute Interface ermöglicht die Verbindung zu Windows-Rechnern, auf denen man sich mit den entsprechenden Programmen dann umfassend betätigen kann.

Fazit: Die Intellibox II ist eine technisch ausgereifte, mit zwei Fahrreglern versehene, leistungsfähige und mit hohem Bedienungskomfort ausgestattete Digitalzentrale, mit der sowohl Mittelleitergleisanlagen (Motorola) als auch Zweileiteranlagen (DCC) betrieben werden können. Sie bietet in einem einzigen, nur 180x80x136 mm großen Gerät alles, was für den Betrieb einer digital gesteuerten Modellbahnanlage notwendig ist. Darüber hinaus ist sie wegen des guten Preis-Leistungs-Verhältnisses ohnehin eine erste Wahl.

Wolfgang Zeunert
Literaturhinweise

**Güter- und Schlepptriebwagen
bei deutschen Kleinbahnen und Schmalspurbahnen**
Von Dieter Riehemann. 160 S., 78 Farb- und 218 SW-Fotos, EUR 28,00 (D). Verlag Ingrid Zeunert, Postfach 1407, 38504 Gifhorn.

Bei den Fortschritten, die Anfang des 20. Jahrhunderts bei der Entwicklung von Verbrennungsmotoren erzielt wurden, lag es auf der Hand, dass sich Industrie und Eisenbahnunternehmen alsbald auch mit dem Bau entsprechend ausgerüsteter Personentriebwagen befassten. In den 1920er- und 1930er-Jahren tauchten unzählige Triebwagentypen auf dem Markt auf. Sofern es die Motorleistung gestattete und eine normale Zug- und Stoßvorrichtung vorhanden war, stand der Mitführung einiger regulärer Personen- oder Güterwagen natürlich bei diesen Triebwagen nichts im Wege. Den Durchbruch als universelles Fahrzeug schaffte der Dieseltriebwagen speziell in den 1950er-Jahren, als auch bei den westdeutschen Klein- und Privatbahnen die Ablösung des Dampflokbetriebes aus wirtschaftlichen Gründen unumgänglich geworden war. Für Bahnen mit schwächerem Güter- und mäßigem Personenverkehr war es auch damals kaum vertretbar, Lokomotiven und Triebwagen parallel vorzuhalten.

Schwerpunktthema dieses Buches ist der Güter- bzw. Gepäcktriebwagen sowie der Triebwagen als Schleppfahr-zeug für Güterzüge bei deutschen Klein- und Privatbahnen in all seinen anzutreffenden Varianten. Viele Fotos sowie die Beschreibung von Betriebsabläufen und Verkehrssituationen vermitteln grundsätzlich etwas von der Romantik, die einer Zugbildung »Triebwagen plus Güterwagen« bei den deutschen Klein- und Privatbahnen zu eigen war bzw. in einigen wenigen Fällen heute noch ist. Durch seine bis zu fünfzig Jahre alten Fotos ist das Buch aber darüber hinaus eine einmalige Kleinbahndokumentation, die bislang so noch nie veröffentlich worden ist. Es ist eines der schönsten Kleinbahn-Bücher, die es je gegeben hat.

**TRAXX-Lokomotiven
Unterwegs auf Europas Schienen**
Herausgeber: Hans-Werner Leder. 176 S. 210 x 297 mm, 293 Abb., EUR 39,00. EK-Verlag, 79115 Freiburg.

Die mit Ablieferung der Elektrolok-Baureihe 145 vorgestellte TRAXX-Lokomotivplattform wurde im Laufe der letzten Jahre technisch kontinuierlich verbessert und um zahlreiche Baureihen erweitert. Sie umfasst heute neben elektrischen Güterzug- und Personenzugvarianten in Einsystem-, Zweisystem- und Mehrsystemausführung auch dieselelektrische Lokomotiven für den Personen- und Güterverkehr. Neben der DB Schenker Rail AG verfügen zahlreiche ausländische Bahngesellschaften über TRAXX-Lokomotivflotten, die zum Teil auch nach Deutschland einge-

WEG-Nebenbahn Ebingen-Onstmettingen: T 09 mit drei Güterwagen am 7.5.1981 in Tailfingen. Das Foto von Dieter Riehemann stammt aus seinem Buch »Güter- und Schlepptriebwagen bei deutschen Kleinbahnen und Schmalspurbahnen«, das eine einmalige Dokumentation aus der Kleinbahnzeit zwischen ELNA und Eurorunner ist. Ein Literaturhinweis siehe oben auf dieser Seite.

setzt werden. Ebenso haben große Leasinggesellschaften mit ihren umfangreichen Fahrzeugbeständen dazu beigetragen, dass diese Lokfamilie inzwischen in ganz Europa zu Hause ist. Das Buch besteht aus mehreren Beiträgen verschiedener Autoren, die über die Bombardier-Loks der Traxx-Familie aus verschiedenen Blickwinkeln berichten. Beeindruckend ist die Anzahl der durchgehend farbigen Fotos, durch die nicht zuletzt auch der Freund moderner Eisenbahn-Verkehrs-Unternehmen voll auf seine Kosten kommt.

Deutsche Klein- und Privatbahnen
Band 12: Schleswig-Holstein 1 (östlicher Teil)
Von Gerd Wolff. 360 S. 210x297 mm, ca. 700 SW-Abb. EUR 45,00. EK-Verlag, 79115 Freiburg.
Dieser Band behandelt die Klein- und Privatbahnen im östlichen Teil Schleswig-Holsteins zwischen den DB-Strecken Hamburg-Lübeck/Bad Oldesloe-Neumünster-Kiel-Rendsburg-Flensburg und der Ostseeküste. Vorgestellt werden 18 Bahnbetriebe. Darunter sind so bekannte wie die Lübeck-Büchener Eisenbahn, die Schleswiger Kreisbahn und die Flensburger Kreisbahn, aber auch weniger bekannte wie die Südstormarnsche Eisenbahn, die drei Hafen- und Industriebahnen in Kiel, die Kleinbahn Kirchbarkau-Preetz-Lütjenburg und die bereits in den 1930er Jahren stillgelegte Ratzeburger Kleinbahn. Das Buch ist schon vom Umfang her eine gewaltige Dokumentation des Kleinbahnwesens und darüber hinaus für alle älteren Kleinbahnfreunde ein wehmütige Erinnerung an das, was einmal eine ganz eigene Eisenbahnwelt war.

Eisenbahn Journal-Sonderausgabe 2/2009
Baureihe 218 - Technik, Einsatz, Aktuelles
Von Konrad Koschinski. 94 S. 210x288 mm, ca. 150 Abbildungen, EUR 12,50. VGB Verlagsgruppe Bahn, 82256 Fürstenfeldbruck.
Mit Abnahme der 218 499 beendete die DB am 21. Juni 1979 die Beschaffung von Diesselloks. Seitdem sind dreißig Jahre vergangen, und über einen Nachfolgetyp ist immer noch nicht entschieden. Alles in allem zählte Anfang 2009 noch etwa 200 Serienmaschinen (außerdem sechs in 225.8 umgezeichnete Vorserienloks) zum Einsatzbestand, mithin knapp die Hälfte von einst 419 Exemplaren der Baureihe 218 (Umbauten eingerechnet). In der Beliebtheitsskala der Eisenbahnfreunde rückten die häufigsten Vertreter der V 160-Familie in den letzten Jahren weit nach oben. Angesichts der Schwemme neuer Regiotriebwagen mutete die 218 geradezu klassisch an. Mit ihrer zeitlos gelungenen Formgebung und dem auch im aktuellen Verkehrsrot schicken Aussehen wirkt die 218 jünger als sie ist. Wie die DB AG mitteilte, seien die mit neuen Motoren und anderen Aufrüstungen auf einen recht modernen Stand gebrachten Maschinen der dritten und vierten Bauserie noch für zwei Revisionsabschnitte (16 Einsatzjahre) fit. Das Heft bietet ein aktuelles und reich bebildertes Porträt der BR 218, welches die Technik und Einsatzgeschichte dieses vitalen Klassikers aus der Zeit der Deutschen Bundesbahn dokumentiert. Für KLEINBAHN-Leser interessant, weil einige Loks auch bei Privatbahnen laufen.

Die elektrischen Nahverkehrstriebzüge der Deutschen Bahn
Von Dr. Karl Gerhard Bauer. 272 S. 210x297 mm, 339 vorwiegend farbige Abbildungen, 40 Zeichnungen, EUR 49,80 (D). EK-Verlag, 79115 Freiburg. 49,90
Die elektrischen Nahverkehrszüge der Deutschen Bahn sind nicht die so oft beschworenen Stars der Schiene, sie leisten keine Rekorde und bieten auch nicht den Komfort und Nimbus der ICE-Züge. Es ist aber unbestritten, dass sie von allen Zügen in Deutschland mit Abstand die meisten Reisenden befördern und somit die wichtigsten Triebfahrzeuge sind, denn ohne sie wären deutsche Großstädte nicht mehr lebensfähig. Das schwergewichtige Buch befasst sich mit den Aufgaben dieser Züge, leitet ihrer Entwicklung aus der Geschichte her ab und beschreibt im Detail ihre höchst moderne Technik. Die Zahl solcher von der DB eingesetzter Züge ist inzwischen bezüglich Stückzahl und Typenvielfalt groß geworden, und so wird die Fahrzeugfamilie der Baureihen 422-426 ebenso beschrieben wir der FLIRT von Stadler, der Alstom-Zug CORADIA Continental und der neue TALENT 2 von Bombardier. Ein Blick über den Zaun ergänzt das Buch durch Kurzportraits ähnlicher Züge von privaten EVU und aus unseren Nachbarländern. Alle Züge werden in neuen Abbildungen vorgestellt. Technische Zeichnungen und Fahrzeugtypenskizzen vertiefen das Wissen der Leser. Der Verfasser hat mit der deutschen Schienenfahrzeugindustrie eng zusammen gearbeitet und schuf ein bemerkenswertes Standardwerk über die modernen Baureihen einer wichtigen Triebfahrzeuggattung.

EK-Bibliothek: Eisenbahn-Bildbände
Dampfbetrieb in Österreich – Band 2
Von DI Eduard Saßmann. 128 S. 295x210 mm, 163 Farbfotos, EUR 29,80. EK-Verlag GmbH., 79115 Freiburg.
Das Querformat des Buches erlaubt die Darbietung grossformatiger Abbildungen vom planmäßigen Dampfbetrieb in Österreich ab dem Jahr 1958. Die repräsentative Auswahl von Streckenbildern wird mit seltenen Aufnahmen vom Betrieb in den Zugförderungen sowie der Dampflokausbesserung in der Hauptwerkstätte Knittelfeld ergänzt. Neben Haupt- und Nebenbahnen sind immerhin an die vierzig Seiten Bahnen aus unserem besonderen Interessengebiet gewidmet: Die Graz-Köflacher Bahn und GySEV (Normalspur) sowie die Schmalspurstrecken Steyrtalbahn, Ybbstalbahn, Gurktalbahn, Feistritztalbahn, Vellachtalbahn und Murtalbahn sowie die Zahnradstrecken Schafbergbahn und Achenseebahn. Begeistern können neben vielen anderen schönen Fotos die Bilder vom Bahnhof Letten mit Schüttbahnsteig auf der Dorfstrasse oder der romantisch unter hohen Bäumen gelegene Bahnhof Mölln. Das ist ein schöner Bildband zum Träumen davon, wie einst der Eisenbahnalltag in Österreich war.

125 Jahre Rübelandbahn
Von Dirk Endisch 112 S. 170x240 mm, 15 Tabellen, 14 Gleispläne, 2 Zeichnungen, 20 Farb- und 75 SW-Abbildungen, EUR 14,50. Verlag Dirk Endisch, 39576 Stendal.
Das Buch beschreibt die Geschichte der Rübelandbahn von der Halberstadt-Blankenburger Eisenbahn bis zur Fels Netz GmbH. Am 1. November 1885 nahm die HBE den Güterverkehr auf dem Abschnitt Blankenburg (Harz)-Rübeland auf. Am 1. Mai 1886, verkehrten die ersten Reisezüge zwischen Blankenburg (Harz) und Elbingerode. An der Endstation Tanne traf der erste Zug am 15. Oktober 1886 ein. Das Verkehrsaufkommen auf der als »Harzbahn« bezeichneten 30,5 km langen Strecke, auf der erstmals die Abt'sche Zahnstange verwendet wurde, übertraf die kühnsten Erwartungen. Die Harzbahn entwickelte sich zum wirtschaftlichen Rückgrat der HBE. Ab 1903 wurde die Saugluftbremse der Bauart Hardy eingesetzt. Seit 1920 wurde mit den 1'E1'h2-Tenderloks der TIERKLASSE der reine Adhäsionsbetrieb eingeführt. Nach dem Zweiten Weltkrieg wurde das Unternehmen in der sowjetischen Besatzungszone enteignet. Im Frühjahr 1949 übernahm die Deutsche Reichsbahn (DR) die Strecken, Fahrzeuge und Anlagen der HBE. In den 1950er Jahren nahm der Güterverkehr auf der Harzbahn kontinuierlich zu. Die DR beschloss daher, die Strecke Blankenburg (Harz)–Königs-

Lieferbare Bände

Band 2: 80 Seiten, 26 Farb- + 61 SW-Fotos, EUR 10,00 (D)*.

Band 4: 80 Seiten, 24 Farb- + 74 SW-Fotos, EUR 10,00 (D)*.

Band 5: 80 Seiten, 21 Farb- + 90 SW-Fotos, EUR 11,50 (D)*.

Band 6: 96 Seiten, 45 Farb- + 147 SW-Fotos, EUR 11,50 (D)*.

Band 7: 96 Seiten, 102 Farb- + 94 SW-Fotos, EUR 15,00 (D)*.

Band 8: 96 Seiten, 150 Farb- + 68 SW-Fotos, EUR 15,00 (D)*.

Band 9: 96 Seiten, 147 Farb- + 45 Schwarzweiß-Fotos, EUR 15,00 (D)*.

Band 10: 112 Seiten, 181 Farb- + 49 Schwarzweiß-Fotos. EUR 15,00 (D)*.

Band 11: 112 Seiten, 109 Farb- und 48 SW-Fotos, 18 Zeichnungen, EUR 15,00 (D)*.

Band 12: 112 Seiten, 163 Farb- und 60 SW-Fotos, EUR 15,00 (D)*.

Band 13: 96 Seiten, 122 Farb- + 30 Schwarzweißfotos, EUR 15,00 (D)*.

Band 14: 96 Seiten, 122 Farb- + 40 SW-Fotos, EUR 15,00 (D)*.

Band 15: 96 Seiten, 98 Farb- + 44 SW-Fotos, EUR 15,00 (D)*.

Band 16: 96 Seiten, 86 Farb- + 40 SW-Fotos, EUR 17,50 (D)*.

Band 17: 96 Seiten, 128 Farb- + 18 SW-Fotos, EUR 17,50 (D)*.

Band 18: 96 Seiten, 76 Farb- + 73 SW-Fotos, 11 Zeichnungen, EUR 17,50 (D)*

Band 19: 96 Seiten, 149 Farb- + 29 SW-Fotos, 8 Zeichnungen, EUR 17,50 (D)*

Band 20: 96 Seiten, 134 Farb- + 5 SW-Fotos, 45 Bf.-Pläne, EUR 17,50 (D)*

DIE KLEINBAHN erschien als Zeitschrift von 1963 bis 1975 mit 104 Ausgaben. Seit 1988 erscheint sie als Buchreihe. Es werden ausschließlich normalspurige Klein- und Privatbahnen behandelt. Auch Werksbahnen und Kleinbahnen als Modell gehören zum Themenkreis der Reihe. **DIE KLEINBAHN** im Buchformat 24x17 cm hat 96 Seiten. Alle Bände sind überwiegend mit Farbfotos, historischen SW-Fotos sowie bedarfsweise mit Zeichnungen illustriert. Jährlich erscheinen ein bis zwei Bände. **DIE KLEINBAHN** kann im Abonnement bezogen werden. Es kann jederzeit gekündigt werden. Es brauchen keine Abonnementsbeträge im voraus bezahlt zu werden, denn jeder Band wird mit Rechnung geliefert.

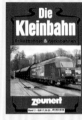 

Postanschrift: Postfach 1407, D 38504 Gifhorn
Hausanschrift: Hindenburgstr. 15, 38518 Gifhorn
Telefon: 05371-3542 • Telefax: 05371-15114
E-Mail: webmaster@zeunert.de • www.zeunert.de
Umsatzsteuer-ID: DE115235456
*Versand je Buch EUR 0,85 (D)

Band 21: 96 Seiten, 109 Farb- + 22 SW-Fotos, 1 Zeichnung, EUR 17,50 (D)*

Band 22: 96 Seiten, 117 Farb- + 13 SW-Fotos, 9 Zeichnungen, EUR 17,50 (D)*

hütte auszubauen und zu elektrifizieren. Dabei nutzte die DR den Einphasen-Wechselstrom mit 25 kV bei 50 Hz aus dem Landesnetz. Dafür mussten eigens die Elektroloks der Baureihe E 251 entwickelt werden. Mit der Aufnahme der elektrischen Zugförderung im Dezember 1965 verblasste der alte Name »Harzbahn«. Die Steilstrecke wurde fortan als »Rübelandbahn« bezeichnet. Die wirtschaftlichen und politischen Umwälzungen der Jahre 1989/90 führten zu einem Einbruch der Beförderungsleistungen. Der Reiseverkehr wurde hingegen 2005 eingestellt. Im gleichen Jahr endete die elektrische Zugförderung auf der Rübelandbahn. Am 1. Mai 2006 übernahm die von der Fels-Werke GmbH gegründete Fels Netz GmbH die Strecke Blankenburg (Harz)-Anschluss Hornberg. Damit wurde die Rübelandbahn praktisch wieder zu einer Privatbahn, auf der seit 17. April 2009 erneut Elektroloks der HVLE im Einsatz sind. Das Buch beschreibt, untermauert mit handfesten Fakten, diese wechselvolle Geschichte der einst bedeutenden und heute wieder rührigen Privatbahn.

Die Berglokomotiven der HBE
Die Geschichte der Baureihen 75.66, 75.67, 92.68, 93.67 und 95.66

Von Dirk Endisch. 144 S. 170x240 mm, 39 Tabellen, 17 Zeichnungen und 101 Abbildungen; EUR 22,00 EUR. Verlag Dirk Endisch, 39576 Stendal.

Die Halberstadt-Blankenburger Eisenbahn-Gesellschaft (HBE) war eine der innovativsten und profitabelsten Privatbahnen in Deutschland. Das Unternehmen schrieb mit seinen Fahrzeugen mehrmals Technikgeschichte. Da der ursprüngliche Zahnradbetrieb unwirtschaftlich war, fasste man 1917 den Entschluss, die Zahnrad-Maschinen durch speziell für den Einsatz auf Steilstrecken entwickelte Tenderloks abzulösen. Es wurden die schweren 1‚E1‚h2t-Maschinen der TIERKLASSE beschafft, deren erstes Exemplar Anfang 1920 in Dienst gestellt wurde. Mit der MAMMUT erbrachte die HBE den Beweis, dass reine Adhäsionsmaschinen die Zahnrad-Dampfloks ersetzen konnten. Bis 1921 stellte die HBE weitere vier Exemplare der TIERKLASSE in Dienst. Aufgrund der guten Erfahrungen mit den 1'E1'h2t-Maschinen beschaffte man Ende der 1920er Jahre jeweils drei schwere Berglokomotiven der Bauarten 1'Dl'h2t und 1'Cl'h2t, die von der Hannoverschen Maschinenbau-AG (Hanomag) entsprechend den Wünschen der HBE konstruiert wurden. In den 1930er und 1940er Jahren belgien von der Borsig Lokomotiv-Werke GmbH jeweils zwei schwere Tendermaschinen der Bauarten Dh2t und 1'Cl'h2t. Damit standen der HBE insgesamt 14 Bergloks zur Verfügung. Die Deutsche Reichsbahn (DR) übernahm die Maschinen 1949 und reihte sie als Baureihen 7566 7567 9268 9367 und 9566 in ihren Bestand ein. Auch in den folgenden Jahren konnte die DR auf die Bergloks der ehemaligen HBE nicht verzichten. Erst mit der Elektrifizierung der Strecke Blankenburg (Harz)-Königshütte hatten die imposanten Maschinen ausgedient. Das Buch beschreibt erstmals detailliert die Geschichte dieser HBE-Loks, die unter den deutschen Dampfloks eine Sonderrolle einnahmen. Breiten Raum nehmen dabei die Technik und der Betriebsmaschinendienst ein. Die zahlreichen Fotos, Zeichnungen und Tabellen ergänzen den präzise recherchierten Text. Für Kleinbahn-Freunde ist das ein Dampflokbuch der Extraklasse.

Die Baureihe E 44

Von Brian Rampp. 376 S. 210 x 297 mm, ca. 650 Abbildungen, davon über 40 in Farbe. EUR 39,90 (D). EK-Verlag, 79115 Freiburg.

Das Standardwerk über die Baureihe E 44 ist jetzt in einer Neuauflage erschienen. Gegenüber der Erstauflage von 1985 ist das Buch nicht zuletzt dank der Auswertung zahlreicher und erstmalig berücksichtigter Archivmaterialien vollständig überarbeitet worden. Bei den deutschen Bahnverwaltungen galt die E 44 als Mädchen für alles. Vor fast allen Zuggattungen wurden diese Elektrolokomotiven eingesetzt. Mit ihrer Drehgestellkonstruktion beschritten die Konstrukteure seinerzeit Neuland. Nur noch wenige wissen, dass die E 44 mit dieser erstmals serienmäßig angewandten Drehgestellbauweise und den damit erzielten guten Ergebnissen die Voraussetzungen für die Konzeption der fünf DB-Versuchslokomotiven E 10 001 bis 005 schuf. Ohne die E 44 wären die E 10, E 40, E 41 und E 50 undenkbar gewesen. Nachdem die letzten E 44 bei der DB (als Baureihe 144) am 31. März 1984 ausgemustert worden waren, hielten sich die bei der DR verbliebenen Loks (als Baureihe 244) noch bis zum Frühjahr 1991. Für viele war sie in den 1970er und 1980er Jahren die typische Altbau-Elektrolokomotive schlechthin. Das von Ecken und Kanten geprägte Gehäuse, die Lüfterreihen mit den charakteristischen Lamellen, die kurzen, massiven und gemütlich wirkenden Vorbauten sowie die dreigeteilte Fensterpartie waren die Markenzeichen der E 44. Eine zusätzliche persönliche Note verliehen ihr die bis über die Fenster hinaus gezogenen Dachschirme, die der E 44 das typisch »grimmige« Gesicht gaben. Während die DB-E 44 mit ihrer nachträglich angebrachten Dachschirmverlängerung etwas freundlicher wirkten, behielten die DR-E 44 bis zum Schluss ihr ursprüngliches Aussehen bei. Das Buch beschreibt Konstruktion und Technik, listet die Betriebsdienste in West und Ost auf, geht auf die noch erhaltenen Loks ein und bietet eine Übersicht über den Verbleib aller E 44. Das ist ein ganz großartiges Loktypenbuch.

Diesel-Power - Hochleistungsloks in den USA

Von Brian Solomon. 164 S. 305x265 mm, ca. 179 Abbildungen, EUR 29,90. Transpress, 70032 Stuttgart.

In diesem attraktiv ausgestatteten und auf gutem Kunstdruckpapier gedruckten Buch mit großformatigen Farbfotos werden 25 moderne Dieselloktypen der USA, beschrieben, die zum Teil mit aktueller Computertechnologie gesteuert werden. Wer Informationen über die EMD-Loks SD 40 bis SP 60 oder die GE-Dash- und Mac-Loks sucht, der wird hier gut bedient. Neben den fachkundigen und gut lesbaren Texten faszinieren die hervorragenden Fotos. Ein Kleinbahn-Buch? Na ja, wenn auch nicht mit unseren hiesigen EVU vergleichbar, so sind diese amerikanischen Bahngesellschaften immerhin Privatbahnen.

Modellbahnliteratur

MIBA extra 2/10: Modellbahn digital 11

Chefredaktion Martin Knaden. 116 S. 210x230 mm + DVD-ROM, über 250 Abb. EUR 12,00. VGB Verlagsgruppe Bahn, 82256 Fürstenfeldbruck.

Der jährliche MIBA-Führer durch das digitale Modellbahn-Dickicht befasst sich in seiner 11. Ausgabe in einem Schwerpunkt mit Sound-Decodern (Geräuschelektronik). Neben der Vorstellung von erhältlichen Soundloks sowie vollständigen Übersichten lieferbarer Sounddecoder stehen praxisnahe Beiträge über die richtige Programmierung von Sounddecodern und das Umrüsten vorhandener Loks im Mittelpunkt der Berichterstattung. Weitere Themen sind u.a. Fehlervermeidung beim Digitalbetrieb, Einstiegspackungen in aktuelle Digitalsysteme, Kelleranlage mit Märklin-Steuerung, Lokbeleuchtungen mit CV-Einstellungen sowie 11 Seiten Decoder-Übersichten. Die beiliegende DVD-ROM enthält Free- und Shareware, Demoversionen und Bildschirmschoner für Modellbahner sowie auch Filmbeiträge und Zusatzmaterial zum Heftinhalt. Und wie immer gibt es für den PC des Modellbahners Dutzende von Anwendungen aus den Bereichen Gleisplanung, Datenbanken, Software-Zentralen, Steuerungen und Tools. Unglaublich, aber zu diesen Heften greift man immer wieder, weil man als Modellbahner mit zunehmenden Wünschen an die Digitalisierung auch immer wieder »Nachschub« an Informationen benötigt.

MIBA Spezial 86: Eine Bühne für die Bahn

Chefredakteur: Martin Knaden. 104 S. 210x230 mm, über 240 Abb., EUR 10,00. VGB Verlagsgruppe Bahn, 82256 Fürstenfeldbruck.

Großer Beliebtheit erfreuen sich Anlagen, die wie Bühnenbilder gestaltet sind, Auf einer begrenzten Fläche mit Hintergrundkulisse wird ein Bahnhof, ein Streckenabschnitt, ein Bw oder eine andere Betriebsstelle exakt präzise dargestellt. Versieht man auch die Seiten solcher Segmente mit Kulissen und leuchtet das Ganze geschickt aus, hat ein »Bühnenstück Modellbahn« glanzvoll Premiere. Natürlich hängt die Größe der Bühne vom Platz ab, auf dem man, je nach Baugröße, so etwas inszenieren kann. Interessant ist auch die Kombination von mehreren Bühnen zu einem größeren Arrangement. Die im Heft gezeigten entsprechenden »Anlagen« reichen vom einfachen Streckenmodul ohne Bahnhof (!) über eine Feldbahn-Kleinstanlage, eine Werksbahn-Rangieranlage nach US-Vorbild und immer größer werdend bis zum »Hafen in der Kiste« und zu einem Betriebsdiorama vom Bahnhof Wasserburg am Inn. Auch die notwendigen Tischlerarbeiten, der Fiddleyardbau und die Beleuchtung werden behandelt. Das Heft ist ebenso vielseitig wie interessant und darüber hinaus für den Lehnsessel-Modellbahner auch noch unterhaltsam.

MIBA Spezial 89: Fahren nach Fantasie + Vorbild

Chefredaktion Martin Knaden. 102 S. 210x230 mm, zahlreiche Abbildungen und Gleispläne, EUR 10,00. VGB Verlagsgruppe Bahn, 82256 Fürstenfeldbruck.

Mit Fantasie im Titel ist gemeint, dass eine Vorbildbahn aus diversen Gründen nicht eins zu eins als Modellbahn gebaut werden kann. Also muss in manchen Fällen der Realität mit gestalterischer Fantasie nachgeholfen werden. In diesem Heft werden nach verschiedenen Vorbildsituationen Gleispläne entworfen, die verschiedentlich dann von der Grundidee heraus weiter entwickelt werden. Als Beispiel mag eine Anlage dienen mit einem Kopfbahnhof in Keilform, aus dem die Streckenfahrt in eine Kehrschleife führt und aus dieser wieder in den Endbahnhof zurückkehrt. Es ist erstaunlich, welche Varianten bis hin zu einem Schattenbahnhof herauskommen. Der Staatsbahner unter den Modellbahnern wird u.a. mit einem umfangreichen Bericht über die DB AG Strecke links und rechts der Pegnitz bedacht, die dann auch auf Modelbahngleispläne reduziert wird. Lesenswerte und anregungsreiche Lektüre, die die Planung der Modellbahn unter echter Vorbildanmutung anregt.

MIBA Modellbahn Praxis: Gleise und Weichen (Band 1)

Von Horst Meier. 84 S. 210x230 mm, über 240 Abb., EUR 10,00. VGB Verlagsgruppe Bahn, 82256 Fürstenfeldbruck.

Keine Anlage kommt ohne Gleise aus, was Anlass genug war zur Herausgabe eines aktuellen zweiteiligen Ratgebers. Im ersten Band gibt es zunächst einen Überblick über die wichtigsten Gleissysteme in den Baugrößen H0, TT, N und Z, nicht ohne aber zuvor die grundlegenden Vorbildinformationen über Gleise und Weichen zu vermitteln.

In ausführlichen und praxisorientierten Beiträgen geht es schließlich um das Verlegen von Gleisen und Weichen auf der Modellbahn-Anlage, um den Gleisunterbau, um das vorbildgerechte Einschottern und um den elektrischen Anschluss der Gleise. Der Einbau und die Befestigung von Weichen wird ebenso nachvollziehbar gezeigt wie ihre Polarisierung. Ein eigenes Kapitel befasst sich mit eher theoretischen, aber dennoch wichtigen Aspekten der Modellgleissysteme wie etwa den unterschiedlichen Geometrien, den Weichenwinkeln und den verschiedenen Profilhöhen. Eine Herstellerübersicht rundet diesen Praxisband ab, der sowohl für die Modellbahner, die vor dem Bau einer Anlage stehen unentbehrlich ist, sondern auch für Anlagenbesitzer, da Anlagen bekanntlich nie fertig werden (sollen). Das Heft ist im übrigen ein Musterbeispiel dafür, wie eine gute Einführung in ein Modellbahnthema aussehen sollte, wozu nicht zuletzt die zahlreichen Detailfotos aus der Praxis beitragen.

MIBA- Spezial 87: Strasse und Schiene

Chefredaktion Martin Knaden. 104 S. 210x230 mm, über 240 Abb., EUR 10,00. VGB Verlagsgruppe Bahn, 82256 Fürstenfeldbruck.

Die technische Entwicklung macht es möglich, dem Bahnbetrieb im Modell einen ebenso überzeugenden Straßenverkehr zur Seite zu stellen. Das Heft beantwortet etwa die Frage, welche Bauform von Andreaskreuzen in den verschiedenen Epochen anzutreffen war. Rare Bilddokumente zeigen Autotransporte auf der Schiene. Außerdem wird der Bau einer Faller-Carsystem-Anlage vorgestellt, man findet Tipps für den Umbau einiger Funktionselemente und es wird über die neuen Trassen aus gelasertem Sperrholz berichtet. Der Betriebsbahner findet neben Anlagenberichten und Gleisplanentwürfen auch einen Beitrag über den Transport von Zirkus-Strassenfahrzeugen als auch die Erläuterung, wie die Verladung von Containern leicht nachvollziehbar ist. Dazu kommen Tipps für den Bau von funkferngesteuerten Lkws. Vorbild und Modellbahnpraxis finden sich in diesem Heft, was dazu beitragen wird, dass die Strassen auf Modellbahnen aus ihrem Schattendasein heraustreten können.

MIBA Spezial 88: Vom Vorbild zum Modell

Chefredaktion Martin Knaden. 104 S. 210x230 mm, über 240 Abb., EUR 10,00. VGB Verlagsgruppe Bahn, 82256 Fürstenfeldbruck.

In diesem Heft findet man die authentisch gebaute Schauanlage »Miniatur-Elbtalbahn« (eine Modulanlage von großer Länge), vom Vorbild her entwickelte Anlagenvorschläge für die Bahnhöfe Oberscheden, Selb, Finowfurt und Wettin sowie Beispiele zum Bau eines Stellwerkes, eines Unterwerkes und eines einfachen Schrebergartenschuppens, wie er vielerorts neben den Gleisen zu finden ist. Es wird eine Fülle von Anregungen für jeden Modellbahner geliefert, stets vom originellen Vorbild zum authentischen Modell. Großformatig gedruckte Gleispläne geben viele Anregungen. Bislang wohl eher unbeachtet blieb der Bahnhof Oberscheden, eine Landstation zwischen Göttingen und Hann. Münden, durch die D-Züge fuhren. Absolute Höhepunkte für den Kleinbahnfreund dürfte jedoch einmal der Bericht über den Bahnhof Wettin sein, der mit Vorbildfotos von dieser vergessenen Kleinbahn, Gleisplänen und grafischer Darstellung des Bahnhofs brilliert. Und zum andren ist es der Bericht über die Kleinbahn Eberswalde-Finowfurt mit ihrer kurzen Strecke, die nachzubauen es in den Fingern kribbelt. Ein lesenswertes Heft!

Modellbahn-Kurier 34: Digital 2011

Redaktion Ralph Zinngrebe. 92 S 219x280 mm mit DVD , zahlreiche Abb. EUR 11,50. EK-Verlag, 79115 Freiburg.

Diese Bände sind lieferbar!

Dieses Jahressonderheft 2011 gibt einen Überblick über den aktuellen Stand der Modellbahn-Digitaltechnik und bietet zahlreiche Tipps und Problemlösungen. Neue Digitalzentralen für die unterschiedlichsten Ansprüche von ESU, Märklin, Lenz und Uhlenbrock sind ebenso ein Thema wie Lok- oder Funktionsdecoder und deren Einsatz in der Praxis. Herausragende Beiträge sind die umfangreiche Behandlung des Themas »Booster & Co« und der Bericht über ein großes, komplett digital gesteuertes Bw. Weitere Themen sind PC-Programme zur Anlagensteuerung und Porträts digital gesteuerter Modellbahnanlagen. Die beiliegende DVD-ROM bietet zahlreiche Digitalbeiträge aus EK-Publikationen. Die im Heft vorhandenen zahlreichen grafischen Darstellungen, Bildschirmfotos und Fotos illustrieren die verständlich abgefassten Beiträge vorzüglich.

Modellbahn-Kurier 33: Gleisanschlüsse II

Redaktion Ralph Zinngrebe. 92 S. 210x280 mm, zahlreiche Farbfotos, EUR 11,50 . EK-Verlag, 79115 Freiburg.

Gleisanschlüsse gehören zu den optisch und betrieblich interessantesten Themen für den Modellbahner. Sie bieten abwechslungsreichen Rangierbetrieb und den Umschlag verschiedener Ladegüter mit den dafür geeigneten, oft sehr individuellen Verladeanlagen. Die Bandbreite reicht vom kleinen Brennstoffhändler bis zu den ausgedehnten Anlagen der Industriebetriebe, vom Stückgut an der Laderampe bis zu Massengütern. Im Heft wird eine Menge davon abgehandelt: Werkhalle als Industriekulisse, Gebäude einer Werkbahn, Verladehalle für Coils, BayWa-Lagerhaus, Feldbahn-Verladeanlage, Hafenbahn (sehenswerte kleine Eckanlage!), kleine Schotter-Verladeanlage, Schüttgutentladung, Ladestellen eines kleinen Bahnhofs und anderes mehr. Die Illustrierung umfasst sowohl Modell- als auch Vorbildfotos. Gut gemachtes und informativ illustriertes Heft mit sehr vielen Anregungen für die Anlagenausgestaltung.

Modellbahn-Kurier 35: Bahnbetriebswerke II

Redaktion: Ralph Zinngrebe. 92 S. 210x280 mm, EUR 11,50. EK-Verlag, 79115 Freiburg.

Bahnbetriebswerke gehören für Eisenbahnfreunde und Modellbahner bis zum Ende der Dampflokära und oft auch noch darüber hinaus zu den faszinierendsten Anlagen des Bahnbetriebs. in diesem Heft werden verschiedene Modellanlagen zu diesem Thema von der kleinen Lokstation bis zum ausgedehnten Bw mit Drehscheibe, Schiebebühne und ausgedehnten Gebäudekomplexen vorgestellt. In Bauberichten werden u.a. die Entstehung und Superung von verschiedenen Wassertürmen, Kohlenkränen, Heizlokkaminen und Wasserkränen sowie weiterer Anlagen beschrieben, die für die Darstellung eines Bw im Kleinen unverzichtbar sind. Die einzelnen Beiträge sind gut bebildert bis hin zur vielen Detailaufnahmen der einzelnen Bastelschritte. Wer Anregungen zum Thema Bahnbetriebswerke sucht wird hier fündig, wobei den Kleinbahnfreund die »Nebenbahn-Lokstation« die »kleine Dieseltankstelle« und der »Kleinbahn-Waserkran« besonders interessieren werden.

Eisenbahn-Videos

Die Rübelandbahn

Produktion CFT-Video. Laufzeit: ca. 58 Minuten, EUR 19,80. EK-Verlag, 79115 Freiburg.

Die Halberstadt-Blankenburger Eisenbahn (später DR-Rübelandbahn) von Blankenburg über Rübeland und Königshütte nach Tanne war nur etwas über 30 km lang. Der Personenverkehr ist längst eingestellt, und die Züge fahren nur noch bis Rübeland. Mehrere Steilrampenabschnitte von bis zu 60 ‰ Neigung verleihen der Strecke Gebirgsbahncharakter. Berühmt wurde die Tenderloks der »Tier-Klasse«. Bis 1965 wurde die Bahn schließlich mit dem für Deutschland untypischen Stromsystem 25 kV/50 Hz elektrifiziert. Dafür gab es auch besondere Elloks, die DR-Baureihe 251, später DR-BR 171. 2. Der elektrische Betrieb wurde 2005 eingestellt. Die Dieseltraktion hielt Einzug. 2009 wurde der elektrische Betrieb wieder eingeführt. Das Video zeigt die Geschichte nach der Wende. Vor den schweren Güterzügen sind die Elloks der Baureihen 171, 185 und 189 oder die ab Ende 2005 eingesetzten Dieselloks, wie z.B. »Blue Tiger«, und natürlich die Dampflok 95 027 zu sehen, die nach über vierzig Jahren auf die Rübelandbahn betriebsfähig zurückgekehrt ist. Da werden der Personenzug in Königshütte, zwei Loks im »Sandwich«-Betrieb, die Spitzkehre Michaelstein, DB-Dieselloks 218 im Personenverkehr und schließlich die Loks der HVLE auf der Rübelandbahn gezeigt. Erst Privatbahn, dann DR- und DB AG-Strecke und heute wieder privates EVU, fürwahr ein echter Videogenuss für Kleinbahnfreunde.

Dieseltriebwagen für den Nahverkehr

Produktion: CFT-Video. Laufzeit ca. 58 Minuten. EUR 19,80. EK-Verlag, 79115 Freiburg.

Das Video zeigt den Dieseltriebwagen-Nahverkehr vom Schienenbus bis zum modernen Regiozug. Der Wismarer Schienenbus war in den 1930er Jahren der erste, der Anleihen am Omnibus nahm. Nach dem Krieg folgte dann mit dem Uerdinger Schienenbus die Weiterentwicklung. Als »Retter der Nebenbahn« ging er ins Rennen. Hunderte von ihnen bevölkerten bald die Gleise der DB. Ähnlich war die Entwicklung im Osten: Ein Leichttriebwagen eroberte die Nebenbahnen. Im Westen führten Fortschritte in der Leichtbauweise 1974 zu den Prototypen der BR 627.0 und 628.0, denen zwölf Jahre später der Serientriebwagen BR 628.2 folgte. Erst 1996 löste die neue Baureihe 650 die letzten Schienenbusse in Tübingen ab. In den Folgejahren gab es dann eine wahre Flut von neuen Regionaltriebwagen. In dem Video sind alle in voller Aktion zu sehen: Wismarer Schienenomnibus und VT 137, die Schienenbusse BR 795 und 798, die Triebwagen 627, 628, Talent 643.2, Stadler 650, Desiro 642, die Regio Shuttles, GTW 216, LINT und sogar die Doppelstocktriebwagen. Durch zahlreiche Fahrzeuge von Eisenbahn-Verkehrs-Unternehmen kommt auch der Kleinbahnfreund bei diesem abwechslungsreichen und lebendigen Video auf seine Kosten.

Die Großmutter aller modernen Elloks – E 44

EK-Eisenbahn-Videothek. Laufzeit: ca. 50 Minuten. EUR 19,80. EK-Verlag, 79115 Freiburg.

Nicht umsonst wird die E 44 als »Großmutter« aller modernen Elloks bezeichnet. Sie war die erste Lok, bei der das heute noch verwendete Konstruktionsprinzip – tragender Lokkasten, Motor im Drehgestell – zur Anwendung kam. 1932 wurden die ersten Serienloks in Dienst gestellt. Über 180 Exemplare sind es insgesamt geworden. Die universelle Einsatzfähigkeit machte die E 44 zum »Mädchen für alles«. Historische Szenen und vor allem die Museumsloks in Ost und West bietet dieses Video, natürlich auch die einzige, heute noch betriebsfähige E 44 - die E 44 044.